V&R

FORUM DER PSYCHOANALYTISCHEN PSYCHOSENTHERAPIE

Schriftenreihe des Frankfurter Psychosenprojekts e. V. (FPP)

Herausgegeben von Stavros Mentzos
Mitherausgeber: Günter Lempa, Norbert Matejek, Thomas Müller, Alois Münch, Elisabeth Troje

Band 19: Norbert Matejek / Thomas Müller (Hg.)
Neurobiologie der Psychosen

Norbert Matejek / Thomas Müller (Hg.)

Neurobiologie der Psychosen

Mit 5 Abbildungen

Vandenhoeck & Ruprecht

Bibliografische Informationen der Deutschen Nationalbibliothek

Die Deutsche Nationalbibliothek verzeichnet diese Publikation
in der Deutschen Nationalbibliografie;
detaillierte bibliografische Daten sind im Internet
über ‹http://dnb.d-nb.de› abrufbar.

ISBN 978-3-525-45120-5

Printed in Germany.
Schrift: Minion
Satz: SchwabScantechnik, Göttingen
Druck und Bindung: Hubert & Co., Göttingen

Gedruckt auf alterungsbeständigem Papier.

Inhalt

Editorial 7

■ THEORIE-FORUM

Hinderk M. Emrich und Wolfgang Dillo
Was heißt es zu halluzinieren? – Zur neurobiologischen Konstruktion subjektiver Wahrnehmung 9

Dorothea von Haebler und Jürgen Gallinat
Ein Ausschnitt aus der Neurobiologie der Schizophrenie – Die Glutamathypothese der Schizophrenie 18

Stavros Mentzos
Die gestörte Balance: Parallelitäten zwischen Neurobiologie und Psychodynamik der Psychosen 37

Ulrich Eibach
Neurowissenschaften und religiöses Erleben gesunder und psychotisch erkrankter Menschen 53

■ LITERATUR-FORUM

Thomas Müller
Rezension 80

Michael Putzke
Rezension 83

Elisabeth Troje
Psychose als Störung der sozialen Verbundenheit.
Essay über zwei Bücher 90

Die Autorinnen und Autoren 107

Editorial

Mit einer enorm beschleunigten Entwicklung der bildgebenden Verfahren in der neurobiologischen Forschung ergaben sich vielfältige Möglichkeiten zur Untersuchung des menschlichen Gehirns. Methoden, Untersuchungen und Veröffentlichungen sind mittlerweile in ihrem Umfang kaum noch zu überblicken. Neben enthusiastischen Einschätzungen der Potentiale wurden auch kritische Stimmen laut: Einwände richten sich gegen eine durch die neuen neurowissenschaftlichen Methoden verstärkte Tendenz der biologisch orientierten Psychiatrie, das Subjekt und sein Erleben auszublenden. Der Versuch, das psychotische Erleben zu verstehen und dem psychotisch erkrankten Menschen dabei und bei seiner Verarbeitung zu helfen, würde damit überflüssig. Es gehe letztlich nur noch darum, eine »verrückte Symptomatik« wegzumachen (vgl. Eibach in diesem Band), vielleicht sogar – so könnte man hinzufügen – mit einer Haltung, die ihrerseits konkretistische Züge aufweist.

In diesem Band beschäftigen sich zunächst Hinderk M. Emrich und Wolfgang Dillo mit neurobiologischen Aspekten der Halluzinationen. Sie stellen »Pseudohalluzinationen« denen Schizophrener gegenüber und bringen diese mit dem Vulnerabilitäts-Stress-Modell in Verbindung.

Dorothea von Haebler und Jürgen Gallinat befassen sich mit den Dysfunktionen des Glutamatsystems bei schizophrenen Störungen. Sie laden den an der psychoanalytischen Psychosentherapie interessierten Leser zu einem Perspektivenwechsel ein, »die Möglichkeit zu verfolgen, wie neurowissenschaftliche Forschungsergebnisse eine solche Hypothese untermauern und an welchen Stellen die Forschungsmethoden eine Korrelation zu den Befunden aus Untersuchungen von Schizophrenen zulassen«.

Stavros Mentzos betont, dass die neuen neurobiologischen Methoden – trotz der kritischen Einwände, die sich auf die Grenzen bei der Interpretation der Ergebnisse beziehen – »eine große und früher kaum vorstellbare Bereicherung darstellen«. Durch sie seien die Zeiten der Herrschaft der Bewusstseinspsychologie vorbei und niemand bezweifle heute die Existenz und Bedeutung unbewusster Prozesse. Vor allem konnte das Gehirn auch in seiner Plastizität erkannt werden: »Nicht nur neuronale Funktionen, sondern auch Strukturen sind eindeutig durch Erfahrung, also sowohl unbewusste als auch bewusste, erlebbare Erfahrung, veränderbar.« Die Entwicklung der Neurobiologie könnte zu einer differenzierteren Erfassung somatopsychischer und psychosomatischer Zusammenhänge bei der Entstehung von manifesten Psychosen wesentlich beitragen.

Ulrich Eibach widmet sich einer neurophysiologisch begründeten Religionskritik. Diesen biologistischen Deutungsansatz kritisiert er als einem »physikalisch-ontologischen Reduktionismus« verpflichtet, der das Gehirn als »Produzent« religiöser Erlebnisse und Vorstellungen sieht. Geistige Vorgänge – damit auch personale Phänomene wie Liebe, ästhetisches Erleben und die Vorstellung, ein »Ich« (Selbst) zu sein – halte man durch rein biologisch bestimmte Ziele und physische Gegebenheiten für hinlänglich erklärbar, stelle sie als reines »Hirnprodukt« hin, dem keine »Wirklichkeit« außerhalb des Gehirns und des Bewusstseins entspreche. Nicht die empirischen Beobachtungen der Neurophysiologie seien umstritten, »sondern die Deutungen …«.

Auch Mentzos führt in seinem Aufsatz die Ansicht mancher Neurobiologen an, dass die »Kartierung höherer geistiger Leistungen und deren Pathologien in greifbare Nähe rücken« (Spitzer et al., 1998). Er hält jedoch an den »bemerkenswerten Analogien in Neurobiologie und Psychodynamik der Psychosen« fest, deren Berücksichtigung für beide Gebiete fruchtbar sein könne, wenn auch die dahinter stehende philosophische Frage der Kausalität weiterhin offen bleibe, aber Mentzos vergisst nicht hinzuzusetzen: für unsere praktischen Zwecke auch offen bleiben dürfe.

Das *Literaturforum* tritt in diesem Band ausnahmsweise an die Stelle des *Klinischen Forums* mit Buchbesprechungen von Michael Putzke, Thomas Müller sowie einem ausführlicheren Essay von Elisabeth Troje über die bemerkenswerten Bücher von Panksepp (1998) und Burns (2007).

Norbert Matejek
Thomas Müller

■ THEORIE-FORUM

Hinderk M. Emrich und Wolfgang Dillo

Was heißt es zu halluzinieren?

Zur neurobiologischen Konstruktion subjektiver Wahrnehmung

Psychotisches Geschehen gehört zu den Universalien des menschlichen Daseins insofern, als unter bestimmten Bedingungen jedes menschliche Gehirn einen »psychotischen« Wirklichkeitskonstitutionsmodus generieren kann (z. B. bei Reizdeprivation, protrahiertem Schlafentzug, Fieber, unter Drogen etc.). Nach derzeitigen Vorstellungen werden im psychotischen Geschehen Kohärenzstörungen beobachtet, die im Wesentlichen mit Imbalancen zwischen »Top-down«- und »Bottom-up«-Prozessen zu tun haben.

Mit Hilfe von funktionell bildgebenden Verfahren ist es möglich geworden, psychische Phänomene und zerebrale Funktionszustände abzubilden und zu untersuchen. Hierzu wurde in den letzten Jahren vor allem die funktionelle Kernspintomographie (fMRT) und die Positronenemissionstomographie (PET) eingesetzt. Untersuchungen mit Hilfe des fMRT und PET haben die Aktivierung bei Patienten während der von ihnen angegebenen An- und Abwesenheit von akustischen Halluzinationen gemessen. Es wurden dabei dieselben Patienten entweder im Abstand von einigen Wochen untersucht oder sie gaben innerhalb der etwa eine Stunde dauernden Messung an, wann die Stimmen vorhanden waren oder wann nicht. Es hat sich gezeigt, dass während des Hörens von Stimmen der linke, manchmal auch zusätzlich der rechte obere und mittlere temporale Pol aktiviert waren. Somit zeigen bei den Patienten mit akustischen Halluzinationen diejenigen Strukturen Signalveränderungen, welche auch bei der Wahrnehmung realer, externer Stimmen aktiviert sind, nämlich den akustischen Assoziationsarealen. Daneben fanden sich gleichzeitig Aktivierungen in Regionen der Emotionsverarbeitung, was als Korrelat der ängstlichen Stimmung interpretiert werden kann, die bei Stimmenhören meistens auftritt. Die bisherigen funktionellen Untersuchungen lassen jedoch bislang nur den Schluss zu, dass es bei Halluzinationen zu einer Aktivierung sensorischer Assoziationsareale kommt; ob dies die Ursache der Störung ist oder nur eine Folge einer andersartigen Störung, lässt sich nicht sagen.

Die Aktivierung sensorischer Areale ohne entsprechenden physikalischen Reiz eines Sinnesorganes ist keineswegs pathognomonisch für Halluzinationen, sondern lässt sich auch bei gesunden Testpersonen einfach provozieren, zum Beispiel durch die Aufforderung, sich einen Gegenstand oder ein Geräusch vorzustellen. Bei Synästhetikern hingegen kann ein Sinneseindruck unwillkürlich den Eindruck einer anderen Sinnesmodalität auslösen. Zum Beispiel haben bestimmte gehörte Wörter Farben oder ein Geschmack ist nicht nur süß, sondern auch hell. Untersucht man Synästhetiker im fMRT, findet man ebenfalls Aktivierungen in sensorischen Arealen ohne entsprechenden physikalischen Reiz, sobald eine synästhetische Wahrnehmung ausgelöst wird. Eine Synästhetikerin zeigte zum Beispiel unter Ruhebedingungen im fMRT hochsignifikante und reproduzierbare Aktivierungen der Sehrinde. Nach der Untersuchung berichtete sie, dass das Untersuchungsgeräusch eine visuelle Wahrnehmung bei ihr ausgelöst habe, die wie ein hüpfender, gelber Tennisball aussah. Auch bei spät Ertaubten oder Erblindeten lassen sich Aktivierungen der sensorischen Assoziationsareale nachweisen. Diese Patienten leiden dann unter oft sehr lebhaften akustischen oder visuellen Pseudohalluzinationen.

Um sich dem Verständnis des Phänomens Halluzinationen zu nähern, liegt es daher nahe, genauer zu betrachten, wie es zur Aktivierung von sensorischen Assoziationsarealen kommt.

Zum einen werden die sensorischen Assoziationsareale durch die primären sensorischen Areale aktiviert und kontrolliert, zum anderen sind hierarchisch höher gelegene Areale in der Lage, bei Bedarf (z. B. bei der Imagination) die Assoziationsareale zu aktivieren. Offenbar ist dabei der Einfluss der primären sensorischen Areale beim Gesunden wesentlich stärker. Das alltägliche Phänomen, dass man sich nicht auf einen Gedanken konzentrieren kann, wenn man gleichzeitig ein Gespräch hört, lässt sich in diesem Sinn interpretieren. Die akustischen Signale scheinen die akustischen Assoziationsareale stärker zu aktivieren als der im Innern generierte Wunsch, einen bestimmten Gedanken als innere Stimme zu hören. In diesem Beispiel wäre das Hören eines Gespräches ein Bottom-up-Prozess, der in Konkurrenz zu einem Top-down-Prozess steht, nämlich dem Wunsch, einen Gedanken zu fassen.

Dass es durch besondere Willensanstrengung dann unter Umständen doch möglich ist, einen Gedanken zu denken, zeigt, dass das »Kräfteverhältnis« zwischen den verschiedenen Arealen beziehungsweise Prozessen – also zwischen Bottom-up und Top-down – nicht statisch, sondern dynamisch ist. Im gesunden Zustand besteht offenbar eine große Bandbreite von Gewichtungen, die je nach Bedarf der aktuellen Situation und den Erfordernissen angepasst werden kann.

Eine Störung des Gleichgewichtes zwischen den Prozessen könnte dann krankheitsauslösend sein. Im Fall von Musikhalluzinationen nach Ertaubung wäre nach diesem Modell der Wegfall des kontrollierenden Einflusses der primären Hörrinde eine solche starke Störung des Gleichgewichts. Übergeordnete Areale, die die Musikwahrnehmung verarbeiten und Musik speichern, erhalten einerseits keine realitätsbezogenen Informationen mehr, andererseits steigt der relative Einfluss auf untergeordnete Areale. Musikhalluzinationen wären somit Ausdruck eines unkontrollierten Top-down-Prozesses.

Da es bei der Schizophrenie keine Hinweise für Störungen der primären Sinnesverarbeitung gibt, müsste man sich daher – bei der Suche nach der ursächlichen Störung – auf den Einfluss der übergeordneten Areale, auf die Assoziationsareale, konzentrieren.

Hierzu ist es notwendig, den grundsätzlichen Prozess der Wahrnehmung genauer zu betrachten. Wahrnehmung ist nicht lediglich ein passiver Vorgang der Verarbeitung sensorischer Reize, also ein reines serielles Verarbeiten von Information. Vielmehr muss man davon ausgehen, dass Wahrnehmung ein aktiver Prozess ist, in dem interne Zustände des wahrnehmenden Systems einen starken Einfluss auf die Verarbeitung sensorischer Reize haben. Die im Gedächtnis gespeicherten Informationen werden mit den Sinnesdaten verglichen, so dass für das Individuum eine sinnvolle Wahrnehmung entsteht, die letztlich der Planung und Koordination von angepasstem Verhalten in der Umwelt dient. Es ergeben sich hieraus drei relevante Komponenten:

1. Eingehende Sinnesdaten (sensualistische / Bottom-up-Komponente)
2. Interne Konzeptualisierung (konstruktivistische / Top-down-Komponente)
3. Kontrolle (»Zensor«/Korrektur-Komponente)

Da unsere Sinneseindrücke wahrscheinlich nur selten mit den in unserem Gedächtnis gespeicherten Daten exakt übereinstimmen, muss eine Integration der sensualistischen Bottom-up-Komponente mit der konstruktivistischen Top-down-Komponente stattfinden. Bei diesem Prozess kommt es zu einer »Kompromissbildung« zwischen Sinnesdaten und internen Konzepten. Beispielsweise können wir ein bekanntes Gesicht aus jeder Perspektive oder auch verzerrt in einem Spiegel oder durch eine Milchglasscheibe erkennen, wobei wir mit Sicherheit nicht jedes einzelne Bild in unserem Gedächtnis gespeichert haben.

Wie stark der Einfluss der Konzeptualisierung ist, hängt davon ab, wie stark ein Sinneseindruck im Gedächtnis gespeicherte Erinnerungen wachruft, was wiederum bei jedem Menschen individuell unterschiedlich ist. Als Beispiel lässt sich in der Abbildung der auf der Seite liegende Buchstabe kaum erkennen.

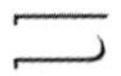

Selbst wenn man ihn in gewohnter Weise aufrecht sieht, drängt sich nicht unbedingt der Eindruck eines Buchstabens auf und es gibt noch verschiedene Möglichkeiten, die geometrischen Formen zu interpretieren.

In dem Moment, in dem man den Buchstaben jedoch im Kontext sieht, ist keine andere Interpretation mehr möglich.

An diesem Beispiel zeigen sich deutlich die beschriebenen Komponenten. In der ersten Abbildung löst der Anblick wahrscheinlich bei den meisten Betrachtern keine inneren Konzepte aus, so dass man lediglich zwei nicht zusammenhängende Linien sieht. In der zweiten Abbildung hängt es stark von der eigenen Vorerfahrung ab, ob man hier bereits einen Buchstaben erkennt. In der dritten Abbildung ist der »semantische Druck« so hoch, dass wir sofort erkennen, dass es sich um Schrift handelt und das Erkennen der Buchstaben unmittelbar ist. Die Zensorkomponente scheint nicht nur Informationen zu filtern, sondern bei Bedarf auch hinzuzufügen, so dass man fast das Gefühl hat, die Buchstaben als Ganzes zu sehen. Die Zensorkomponente ist dabei möglicherweise keine eigene Instanz, sondern das Ergebnis des Informationsaustausches zwischen Top-down und Bottom-up.

Das Zusammenwirken von Top-down- und Bottom-up-Prozessen ist dabei nicht auf eine Sinnesqualität beschränkt. Beispielsweise kann man in einem nicht synchronisierten Film die Englisch sprechenden Schauspieler schlecht verstehen. Nach Einblenden eines deutschen Untertitels gelingt es plötzlich, die gesprochenen Worte zu verstehen. Hierbei unterstützt gewissermaßen das Sprachzentrum im Sinne eines Top-down-Prozesses die akustischen Assoziationsareale, so dass eine sinnvolle Wahrnehmung entsteht.

Die Verarbeitung von Informationen in Richtung Top-down beziehungsweise Bottom-up ist ein Prozess der Interaktion unzähliger neuronaler Netzwerke, die ihre Informationen jeweils in beide Richtungen weitergeben. Der Einfluss, den eine Sinneswahrnehmung auf die Aktivität eines Netzwerkes hat, nimmt demnach ab, je höher ein Netzwerk in der Hierarchie liegt. Andersherum nimmt der Einfluss eines Konzeptes immer mehr ab, je niedriger ein Netzwerk in der Hierarchie liegt.

Aus anatomischen Untersuchungen weiß man, dass die große Mehrheit der kortikalen interarealen Projektionen reziprok angelegt ist. Besteht eine Bottom-up-Verbindung von einem tieferen Areal A zu einem hierarchisch höher gelegenen Areal B, so besteht auch mit hoher Wahrscheinlichkeit eine komplementäre Top-down-Verbindung in umgekehrter Richtung. Darüber hinaus liegt die Anzahl der Synapsen eines Neurons, die von Top-down-Verbindungen gebildet werden, in der gleichen Größenordnung wie die Anzahl der von Bottom-up-Verbindungen gebildeten Synapsen.

Auf der zytoarchitektonischen Ebene zeigt sich eine bedeutsame Asymmetrie zwischen Bottom-up und Top-down gerichteten interarealen Projektionen. So findet sich für Bottom-up- und Top-down-Verbindungen eine jeweils charakteristische laminäre Verteilung der synaptischen Zielstrukturen. Bottom-up projizierende Neurone terminieren mit ihren axonalen Projektionen typischerweise in den granulären Schichten des Zielareals. Top-down gerichtete Neurone hingegen projizieren in die infragranulären und insbesondere hohen supragranulären Laminae. In diesen pianahen supragranulären Laminae finden sich die weitverzweigten Ausläufer der apikalen Dendriten großer Pyramidenzellen, welche die größte Klasse kortikaler Neuronentypen und die hauptsächliche Ausgangszellpopulation der kortikalen Kolumne darstellen.

Das Hohlmaskenexperiment zur Messung der Stärke der Konzeptualisierung

Unterschiede in der Stärke der Konzeptualisierung zwischen Gesunden und schizophrenen Patienten lassen sich mit Hilfe eines Experimentes mit der binokulären Tiefeninversion nachweisen. Als Grundlage dieses Versuches dient die Hohlmaskenillusion (Abb. 1). Bei der Betrachtung dieser Maske nimmt der Betrachter fälschlicherweise an, er sehe ein normales, plastisches, konvexes Gesicht.

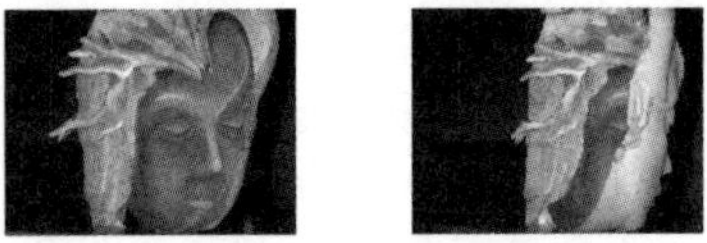

Abbildung 1: Die Hohlmaske. Ansicht von vorne und gedreht

Erst wenn die Maske um etwa 80 Grad gedreht ist, erkennt man die Illusion. Trotz der eindeutigen Sinnesdaten (»Hohlmaske«) kommt es zu einer Wahrnehmung, die nicht der Realität entspricht. Der Einfluss der Konzeptualisierung ist extrem stark, da Gesichter nur als konvex geformt im Gedächtnis gespeichert sind und somit die Kompromissbildung zwischen sensorischem Input und Konzept zugunsten des Konzepts ausfällt. Um die Hohlmaske aber als Gesicht sehen zu können, müssen die Sinnesdaten gefiltert beziehungsweise verändert werden, was wiederum als Leistung der Zensorkomponente zu verstehen ist.

In einem experimentellen Aufbau lässt man Versuchspersonen Gesichter und andere Gegenstände in einem Stereoskop betrachten. Im Stereoskop befinden sich mehrere Spiegel, die dazu dienen, dass jedes Auge ein separates Bild betrachtet. Das Betrachten von Bildern, die zuvor mit einer Stereokamera aufgenommen wurden, erzeugt dann den Eindruck eines dreidimensionalen Bildes. Vertauscht man die beiden Bilder, werden die Raumeindrücke invertiert, das heißt, dass man Gegenstände, die erst vor der Bildebene lagen, nach dem Vertauschen hinter der Bildebene lokalisiert. Für die Aufnahmen von Gesichtern bedeutet dies, dass aus dem normalen konvexen Gesicht ein konkaves wird und somit ein hohles Gesicht entstanden ist. In mehreren Versuchsreihen wurden Bilder von Gesichtern, Gegenständen und Landschaften gesunden Versuchspersonen, Versuchspersonen nach Schlafentzug, Versuchspersonen nach Cannabiseinnahme und an Schizophrenie erkrankten Personen gezeigt. Alle Bilder wurden in geometrisch korrekter und in vertauschter Anordnung gezeigt. Durch einen standardisierten Fragebogen wurde erfasst, wie die Gesichter wahrgenommen wurden. Anhand dieses Fragebogens wurde ein Tiefeninversionsscore ausgerechnet, der aussagt, inwieweit die Testperson in der Lage war, die dargebotenen Bilder tatsächlich korrekt zu erkennen; das heißt, ob die Testperson die invertierten Gesichter als hohl wahrgenommen hat und die normal angeordneten Gesichter als konvex erkannt hat.

Die Ergebnisse zeigen einen deutlichen Unterschied in der Wahrnehmung gesunder Probanden und an Schizophrenie erkrankter Patienten. Während die gesunden – wie zu erwarten – die invertierten Gesichter nicht als hohl erkannten, war dies bei den Patienten, aber auch bei gesunden Probanden nach Schlafentzug oder Cannabiskonsum anders. Hier zeigte sich, dass diese Gruppen einen signifikant erhöhten Tiefeninversionsscore hatten als Ausdruck dafür, dass sie die invertierten Gesichter konkav wahrnahmen. Dies lässt sich als Hinweis darauf interpretieren, dass es in diesen Gruppen zu einer Veränderung der Balance zwischen Bottom-up und Top-down oder sensualistischer Komponente und Konzeptualisierung mit einer relativen Schwächung der Konzeptualisierung gekommen ist. Interessant ist, dass sowohl nach Cannabiskonsum als auch nach Schlafentzug ähnliche Phänomene hervorgerufen werden. Offensichtlich ist die Konzeptualisierung so weit geschwächt, dass die Wahrnehmung eines an sich unbekannten Objekts möglich wird. In einer weiteren Versuchsreihe konnte gezeigt werden, dass bei erfolgreich behandelten Patienten der Tiefeninversionsscore fällt.

Wie das Experiment der binokulären Tiefeninversion zeigt, liegt bei der Schizophrenie eine Schwächung der konzeptualisierenden Komponente im Verhältnis zur sensualistischen vor.

Die inneren Konzepte erleichtern die Orientierung in der Umwelt und ermöglichen ein schnelles Reagieren auf Außenreize mit den für das Individuum gewohnten Reaktionsmustern. Andererseits grenzen Konzepte das Denken aber auch ein und verhindern gewissermaßen Kreativität.

Hierzu ein Beispiel. Lösen Sie folgende Aufgaben: Zeichnen Sie ein Viereck und anschließend eine Gerade, die die Linien des Vierecks zweimal kreuzt. Zeichnen Sie anschließend ein weiteres Viereck so, dass eine Gerade die Linien des Vierecks viermal kreuzt.

Diese an sich einfache Aufgabe kann erst gelöst werden, wenn man in der Lage ist, sich von dem Konzept eines Vierecks als einem Rechteck zu lösen. Sobald dieses Konzept einmal wachgerufen wurde, ist es schwierig, es wieder zu verlassen und zu Gunsten anderer kreativer Konzepte zu verändern. Das Konzept eines Vierecks als Rechteck ist möglicherweise gar nicht stabil. Deswegen ist es in diesem Beispiel notwendig, zunächst die erste Aufgabe zu stellen, die – gerade weil sie so leicht ist – in der Regel die Vorstellung eines Rechtecks wachruft, welche dann anschließend alternative Ideen blockiert.

Es stellt sich die Frage wie sich die Balance zwischen sensualistischer und konzeptueller Komponente entwickelt. Grundsätzlich kann ein Gleichgewicht nur entstehen, wenn beide Komponenten vorhanden sind. Das bedeutet, dass es sich bei der Entstehung des Gleichgewichts um einen Lernprozess handeln muss, da man davon ausgehen kann, dass das Gehirn des Neugeborenen weitgehend unprogrammiert ist und kaum Konzepte besitzt. In dem Maße, wie sich ein Individuum im Laufe seines Lebens Konzepte aneignet, ist es nötig, diese mit den aktuellen Erfahrungen in Einklang zu bringen. Je nach individuellen Erfordernissen wird sich hieraus unter gesunden Bedingungen ein flexibles Gleichgewicht herausbilden. Ähnlich wie bei einer Kinderwippe lässt sich ein Gleichgewicht zwischen zwei Kräften nur in der Schwebe halten, wenn beide Seiten aktiv dazu beitragen. Bekommt eine der Seiten ein Übergewicht, so dass der Zustand vom schwebenden Gleichgewicht in eine Extremposition ausgelenkt wird, sind besondere Kräfte notwendig, um wieder in die Mittelstellung zu gelangen.

Lernen ist jedoch kein einheitlicher Prozess; während es für den einen Menschen sinnvoll sein kann, ein flexibles Gleichgewicht auszubilden, kann es für einen anderen sinnvoll und überlebenswichtig sein, sich generell auf seine Wahrnehmung zu verlassen. In diesem Fall wird sich kein flexibles, sondern ein starres System bilden mit relativ schwachem Einfluss der inneren Konzepte.

Schizophrenie ist eine erworbene Schwäche der Konzeptualisierung

Wie lassen sich mit dieser Hypothese psychotische Symptome erklären? Weiter oben wurde bereits die Hypothese formuliert, dass Halluzinationen die Folge einer Störung des kontrollierenden Einflusses der konzeptionellen Komponente auf sensorische Areale sein könnten. Im Gegensatz zu den beschriebenen Musikhalluzinationen ist bei der Schizophrenie der kontrollierende Einfluss von übergeordneten Arealen auf die akustischen Assoziationsareale vermindert. Der unterschiedliche Entstehungsmechanismus könnte auch als Erklärung für die unterschiedlichen Charakteristika der Halluzinationen dienen. Denn bei den Musikhalluzinationen handelt es sich um »Pseudohalluzinationen«, das heißt, der Betroffene kann den Trugcharakter der Wahrnehmung erkennen, während der Schizophrene sich nicht von seinen Wahrnehmungen distanzieren kann.

Wahnhafte Symptome lassen sich in analoger Weise interpretieren. Zum Beispiel berichtet ein Patient: »Als ich aus dem Haus gegangen bin, schaltete die Ampel auf Rot, dies war ein Zeichen für mich, dass heute etwas passiert.« Die wiederholte Erfahrung, dass eine Ampel regelmäßig auf Rot springt, ist zwar mit hoher Sicherheit im Erfahrungsschatz der Patienten vorhanden. Dieses Konzept ist aber nicht stabil genug, es gibt ihm nicht genügend Sicherheit, dass er sich darauf verlassen kann. Die Möglichkeit, die Ampel sei seinetwegen umgesprungen, ist dann möglicherweise plausibler.

Zusammenfassend lässt sich dieses Krankheitskonzept auch auf das Vulnerabilitäts-Stress-Modell anwenden. Gerade unter Bedingungen mit erhöhten Anforderungen (Stress) sind stabile Konzepte notwendig, um erhöhte Belastungen zu verkraften. Ist das Individuum nicht in der Lage, für die Anforderungen der Umwelt entsprechende Konzepte bereitzustellen, kommt es zur Dekompensation im Sinne eines Krankheitsausbruchs. Entsprechend dem Vulnerabilitäts-Stress-Modell kann im Sinne einer erhöhten Vulnerabilität die Konzeptualisierung aufgrund innerer Prozesse geschwächt sein. Vermehrter Stress hingegen ist in dem Maße krankheitsauslösend, wie die vorhandenen stabilen Konzeptualisierungen nicht ausreichend sind, den Anforderungen gerecht zu werden.

Dorothea von Haebler und Jürgen Gallinat

Ein Ausschnitt aus der Neurobiologie der Schizophrenie – Die Glutamathypothese der Schizophrenie

Der folgende Artikel mag innerhalb des *Forums der psychoanalytischen Psychosentherapie* als Fremdkörper erscheinen. Das Thema Neurobiologie der Schizophrenie ist allerdings unendlich groß und hat verschiedenste Zugangsmöglichkeiten. Der in den letzten beiden Jahrzehnten immer wieder auch mit gutem Erfolg erbrachte Brückenschlag zwischen den innovativen neurowissenschaftlichen Erkenntnissen und der Symptomatik der Schizophrenie und noch mehr: Der spannende und inzwischen nicht einmal mehr zu gewagte Brückenschlag zu Therapie – ja sogar Psychotherapie, deren Effekte zunehmend messbar werden –, diese Neuerungen und Hypothesen werden mit Spannung verfolgt und in diesem Forum sicherlich eher erwartet als eine Übersicht über den aktuellen Forschungsstand zu einer Neurotransmitterhypothese der Schizophrenie. Die Freude über die Tatsache, dass psychotherapeutische und neurowissenschaftliche Theorien sich nicht widersprechen, lässt manch einen unkritisch die angebotenen Hypothesen als Theorien annehmen, die bei besserem Grundlagenwissen eine wunderbare Basis zur Diskussion sein könnten. Die Beschäftigung mit den Grundlagen macht dann wiederum deutlich, wie groß die Lücken noch sind und dass für eine so komplexe und vielgestaltige Erkrankung wie die Schizophrenie eine Argumentation mit Wahrscheinlichkeiten und Korrelationen am realistischsten ist. Die im Folgenden beschriebene Glutamathypothese der Schizophrenie bietet die Möglichkeit zu verfolgen, wie neurowissenschaftliche Forschungsergebnisse eine solche Hypothese untermauern und an welchen Stellen die Forschungsmethoden eine Korrelation zu den Befunden aus Untersuchungen von Schizophrenen zulassen. Die Anforderungen an eine Neurotransmitterhypothese der Schizophrenie sind komplex: Sie soll Entstehung, den Verlauf der Erkrankung, die hirnmorphologischen Veränderungen der Erkrankung, die verschiedenen Ausprägungen der Erkrankung und die Interaktion mit anderen Systemen beinhalten.

Im Folgenden versuchen wir für Interessierte an psychoanalytischer Psychosentherapie einen Perspektivwechsel. Zusätzlich sollte nicht unerwähnt bleiben, dass Neurowissenschaften und Psychotherapie sich zwar näher kommen, aber im Bereich der Psychosenpsychotherapie noch ein Graben besteht, für dessen Überwindung wir alle etwas tun können.

Neurobiologische Erklärungsmodelle der Schizophrenie

Die Hypothese einer gestörten dopaminergen Neurotransmission hat in den letzten Jahrzehnten die biologische Erforschung der Schizophrenie im Wesentlichen geprägt. Die Dopaminhypothese ist nach wie vor das experimentell am besten gesicherte neurobiologische Modell der Schizophrenie und die daraus abgeleitete antidopaminerge Pharmakotherapie ist die bisher wirksamste und gängigste Therapie. Dennoch ist es wahrscheinlich, dass ein gestörtes Dopaminsystem nicht die initiale und ursächliche Pathologie der Schizophrenie bildet, sondern sich vielmehr als Folge oder Epiphänomen einer anderen Pathophysiologie darstellt. Eine Erklärung zu der in der Dopaminhypothese einerseits beschriebenen Überfunktion im mesolimbischen Trakt (wodurch die produktive Symptomatik erklärt wird) und der andererseits gleichzeitigen Unterfunktion im dorsolateralen präfrontalen Kortex (DLPC) (wodurch ein Großteil der Negativsymptomatik erklärt wird) ist am besten durch Interaktion mit einem anderen System erklärbar. Es gibt viele Hinweise für eine zusätzliche Störung des Glutamatsystems, welches sehr eng mit dem dopaminergen System interagiert und seinerseits großen Einfluss auf gesundes und dysfunktionales Verhalten hat. Der erste experimentelle Hinweis auf eine Unterfunktion des Glutamatsystems bei Schizophrenie wurde in einer abnorm verminderten Konzentration von Glutamat im Liquor schizophrener Patienten gesehen (Kim, Kornhuber, Schmid-Burgk u. Holzmuller, 1980), konnte in späteren Studien jedoch nicht immer repliziert werden. Der folgende Artikel fokussiert auf das Glutamatsystem, welches in den letzten Jahren in das Blickfeld der neurobiologischen Erforschung der Schizophrenie gerückt ist.

Das pathobiologische Spektrum der Schizophrenie

Die Schizophrenie weist eine Vielzahl von pathobiologischen Besonderheiten auf der makroskopischen und mikroskopischen Ebene auf, so dass eine monokausale Erklärung oder ein zentraler Pathomechanismus unwahrscheinlich anmutet. Dennoch mag ein biologischer Kernmechanismus existieren, welcher sekundäre Veränderungen bewirkt, die durch die moderne Forschung immer differenzierter darstellbar sind. Ein tragfähiges Modell der Pathobiologie der Schizophrenie sollte die charakteristischen Anomalien der Erkrankung erklären und in Zusammenhang stellen können. Zu diesen Anomalien zählen histologische Veränderungen (Rarifizierung von Zellausläufern, von spezifischen Synapsen), Störungen der Hirnmorphologie (Gyrifizierung, Volumen und Struktur der grauen und weißen Substanz), Störungen der zerebralen Aktivität sowie Dysfunktionen in der Neurotransmission (vor allem Dopamin und Glutamat). Ein Modell, welches diese Kernpathologien in einen Zusammenhang setzen könnte, ist die Dysfunktion der glutamatergen Neurotransmission.

Über den zeitlichen Ablauf dieser genannten morphologischen Veränderungen gibt beziehungsweise gab es Diskussionen: Ist die Schizophrenie eine Erkrankung der neuronalen Entwicklung (Murray u. Lewis, 1987) oder eine neurodegenerative Erkrankung (DeLisi, 1999)? Auch hier bietet die Glutamathypothese Erklärungsmöglichkeiten. Die Entwicklung der glutamatergen Neurone und die lebenszeitliche Entwicklung der Glutamatrezeptorstruktur passen zu dem altersabhängigen Auftreten der Schizophrenie. Ebenso lässt sich durch Glutamat, den Transmitter, der für den Zelltod nach Ischämie oder bei der Amyotrophen Lateralsklerose (ALS) verantwortlich ist, Neurodegeneration erklären. Das heißt, nicht das eine oder das andere, sondern wie auch bei den Neurotransmitterhypothesen: Beide Annahmen haben ihre Berechtigung.

Mittlerweile dokumentieren mehrere hundert Studien mit der Magnetresonanztomographie (MRT) eine Volumenminderung der grauen Substanz mesiotemporal, temporal und frontal. Am häufigsten zeigen sich Volumendefizite im Gyrus temporalis superior und Gyrus frontalis inferior jeweils links (Shenton, Dickey, Frumin u. McCarley, 2001). Die Veränderungen bestehen bereits vor Krankheitsbeginn und finden sich zum Teil auch bei gesunden Angehörigen ersten Grades. Es ist konzeptuell und methodisch umstritten, ob die Volumenverminderungen im Krankheitsverlauf im Sinne der Neurodegeneration progredient sind (Weinberger u. McClure, 2002). Die bisherigen Daten hierzu sind nicht ganz überzeugend und ermitteln teils unrealistische Progressionsraten. Es ist auch umstritten, welche Histopathologie den Volumendefiziten zugrunde liegt. Initiale Berichte über eine Verminderung von Zahl, Größe und Ordnungsgrad der Neurone sind von methodisch modernen Arbeiten nicht voll repliziert worden (Harrison, 2004). Aktuell geht man von einer Reduktion der synaptischen Verbindungen und einer Rarifizierung dendritischer Spines und apikaler Dendriten aus (Rosoklija et al., 2000), was mit Störungen der Neurotransmission, insbesondere einer glutamatergen Störung, gut kompatibel ist.

Die klassische Dopaminhypothese der Schizophrenie postuliert eine Überaktivität von Dopamin im Striatum als neurobiologische Basis von Positivsymptomen. Ergänzend hierzu postulierte Weinberger (1987) eine Minderfunktion von Dopamin im präfrontalen Kortex als Korrelat für Negativsymptomatik. Die Überaktivität von Dopamin im Striatum ist mittels Positronen-Emissions-Tomographie (PET) bei unmedizierten schizophrenen Patienten experimentell nachgewiesen worden (Abi-Dargham et al., 2000). In Übereinstimmung mit der Hypothese ist diese verstärkte Dopaminaktivität mit dem Schweregrad von Positivsymptomen assoziiert. Durch die hohe Dichte von dopaminergen Fasern im Striatum ist eine bildgebende Darstellung in diesem Bereich möglich, jedoch kaum für den eher gering dopaminerg innervierten zerebralen Kortex. Daher ist eine präfrontale Unterfunktion von Dopamin bei schizophrenen Patienten mittels PET schwer nachweisbar und der Nachweis für eine Unterfunktion stützt sich vorwiegend auf Tierexperimente, pharmakologische Provokationsversuche und molekulargenetische Ansätze mit intermediären Phänotypen (Gallinat et al., 2003; Lipska u. Weinberger, 1998; Willner, 1997). Inzwischen gibt es erste Untersuchungen mit neuen D1-Rezeptor-sensitiven Radioliganden, die teilweise eine Erhöhung der Verfügbarkeit von D1-Rezeptoren im dorsolateralen präfrontalen Kortex zeigten (Abi-Dargham et al., 2002), was als indirekter Hinweis auf eine Unterfunktion des Dopaminsystems interpretiert werden kann.

Zentral für die Klinik und durch die Dopaminhypothese nicht ausreichend erklärbar sind die kognitiven Störungen bei der Schizophrenie, darunter vor allem Defizite der Aufmerksamkeit und exekutiver Funktionen. Obwohl ihr Ausmaß mit 1,5–2 Standardabweichungen unterhalb der Norm allenfalls moderat ist (Bilder et al., 1995), zählen kognitive Störungen zu den Kernsymptomen der Schizophrenie und sind mit einem ungünstigen Krankheitsverlauf assoziiert. Da Negativsymptomatik und Kognition relativ unabhängige Dimensionen der Erkrankung darstellen (Nieuwenstein, Aleman u. de Haan, 2001), muss ein neurobiologisches Schizophreniemodell auch die kognitiven Defizite erklären können.

Die am meisten abgebildete Störung der Hirnfunktion bei Schizophrenie ist eine Unterfunktion des *präfrontalen Kortex* (Gallinat et al., 2003; Weinberger, 1987), die ebenfalls bereits bei Krankheitsbeginn besteht und relativ verlaufsunabhängig fortbesteht. Interessanterweise zeigt die zerebrale Bildgebung eine Verbindung zwischen dem Ausmaß der präfrontalen Funktionsstörung und der subkortikalen (ventrales Striatum) Dopaminaufnahme bei unmedizierten schizophrenen Patienten (Bertolino et al., 2000; Meyer-Lindenberg et al., 2002). Somit scheint ein Zusammenhang zwischen kortikalen Funktionsstörungen (welche als Ursache vieler kognitiver Defizite interpretiert werden) und der Neurotransmission subkortikaler Kerngebiete zu bestehen.

Das Glutamatsystem und seine Dysfunktionen bei Schizophrenie

Glutamat ist der häufigste Neurotransmitter des Gehirns: Beinahe alle Gehirnzellen haben Rezeptoren, um auf Glutamat zu reagieren, und mehr als die Hälfte der 100 Billionen Neurone des Gehirns bilden Glutamat als Neurotransmitter. Im Gegensatz dazu hat das Gehirn nur etwa 10 000 Dopamin bildende Neurone. Glutamat ist ein erregender Neurotransmitter, da die Membranen der innervierten Nervenzellen depolarisiert werden und somit ihre Entladungswahrscheinlichkeit erhöht wird. Dennoch kann die Aktivierung des Glutamatsystems inhibitorische Effekte haben, nämlich dann, wenn hemmende Neurone (z. B. GABAerge Nervenzellen) innerviert (erregt) werden, die dann ihrerseits eine inhibitorische Wirkung auf andere Nervenzellen ausüben. So ist es möglich, dass eine (pharmakologisch) verminderte Aktivität glutamaterger Neuronen dann andernorts eine erhöhte Aktivität glutamaterger Neuronen bewirkt (s. Abb. 1). Dieser interessante Umstand wurde im tierexperimentellen Schlaganfallmodell entdeckt, wo der schädliche Glutamatexzess durch NMDA-Rezeptorantagonisten gemindert werden sollte. Anstatt der angestrebten Neuroprotektion bewirkte die Zugabe von NMDA-Rezeptorantagonisten sogar eine verzögerte neuronale Degeneration, die mit der beschriebenen sekundären Disinhibition glutamaterger Neurone erklärt wird (Olney u. Farber, 1995; Wöhrl, Eisenach, Manahan-Vaughan, Heinemann u. von Haebler, 2007).

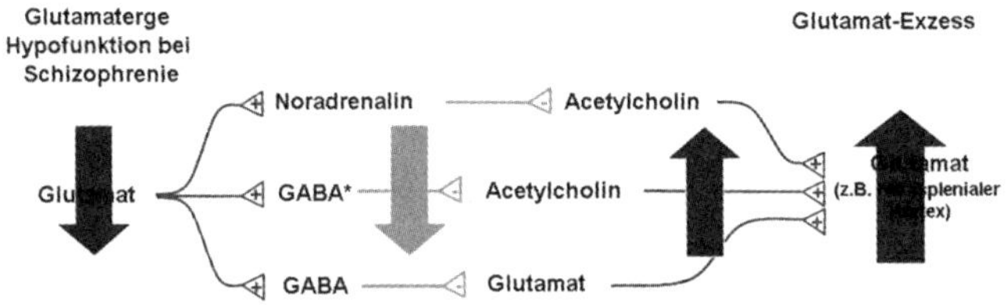

Abbildung 1: Eine durch Blockierung der NMDA-Rezeptoren induzierte Hypofunktion des Glutamatsystems kann durch reduzierte Aktivität hemmender Neurotransmitter (z. B. GABA*) sekundär zu einer verstärkten exzitatorischen Neurotransmission führen, die zu einer exzessiven Freisetzung von Glutamat in anderen zerebralen Bereichen führt (z. B. retrosplenialer Cortex).
* gamma-amino-Buttersäure

Die Glutamatrezeptoren unterteilen sich in ionotrope NMDA- (N-methyl-D-Aspartat), AMPA- (alpha-amino-3-hydroxy-5-methyl-4-Isoxazolpropionat) und Kainat-Rezeptoren. Veränderungen der zerebralen Dichte und Struktur dieser Rezeptoren werden als Hinweis für eine gestörte glutamaterge Neurotransmission gewertet. In Post-mortem-Untersuchungen bei schizophrenen Patienten wurde konsistent über eine erhöhte präfrontale Dichte der Kainat-Rezeptoren und eine verminderte Dichte der Kainat- und AMPA-Rezeptoren im Hippocampus berichtet (Kerwin, Patel u. Meldrum, 1990; Harrison, Law u. Eastwood, 2003). NMDA-Rezeptoren scheinen in ihrer Dichte bei Schizophrenie kaum verändert zu sein, möglicherweise sind jedoch die Untereinheiten dieses Rezeptortyps (NR1, NR2 und NR3) verändert. Die metabotropen Glutamatrezeptoren (mGlu) wurden bei Schizophrenie bisher nur wenig untersucht. Die mindestens 8 Subtypen (mGlu1-8) finden sich präsynaptisch, postsynaptisch und auf Gliazellen und modulieren unter anderem die Freisetzung von Glutamat und die neuronale Erregbarkeit. Bedeutsam ist, dass ionotrope und metabotrope Rezeptoren entscheidend und direkt die neuronale Aktivität determinieren. So sind die exzitatorischen postsynaptischen Potentiale (EPSP), die die Grundlage des EEG, aber auch der funktionellen Magnetresonanztomographie (fMRT) darstellen, durch Glutamat vermittelt.

Wegweisend für die Glutamathypothese der Schizophrenie ist die Beobachtung, dass durch NMDA-Rezeptorblockade (Ketamin, Phenzyklidin) paranoid-halluzinatorische Syndrome bei Gesunden erzeugt werden können, die der Symptomatik bei Schizophrenie auffällig gleichen. Es finden sich Positivsymptome wie Wahn, Halluzinationen, Ich-Störungen sowie aggressive Durchbrüche. Beachtlicherweise und im Gegensatz zu Dopaminrezeptoragonisten zeigen sich nach der Einnahme auch Negativsymptome und kognitive Störungen, die dem Profil kognitiver Defizite bei der Schizophrenie ähneln (Newcomer et al., 1999; im Tierversuch: Manahan-Vaughan, von Haebler, Winter, Juckel u. Heinemann, 2008). Betroffen sind vor allem die Aufmerksamkeit, das Arbeitsgedächtnis und das verbale Gedächtnis. Spezifische Prozesse, die in die Gedächtnisbildung involviert sind, wie die long term potentiation (LTP), werden durch Glutamat vermittelt und durch NMDA-Rezeptorblockade gehemmt. Glutamat spielt damit eine Schlüsselrolle bei der Neuroplastizität und Kognition. Deshalb sind immer wieder pharmakologische Ansätze zur Verbesserung der Kognition über die Modulation des Glutamatsystems versucht worden. Es gibt jedoch ein therapeutisches Fenster: Eine geringe Erhöhung der NMDA-vermittelten Glutamattransmission verbessert die Kognition, eine starke Erhöhung bedingt Neurotoxizität. Zudem ist Glutamat an der Informationsfilterung im Hippocampus beteiligt. Durch eine NMDA-Rezeptorblockade ist die Filterung, das »gating«, gestört, und es kommt zu einer ungeordneten Informations- und Gedankenflut, die ebenfalls als Symptom der Schizophrenie bekannt ist. Sämtliche Kernsymptome der Schizophrenie sind also durch eine einfache Modulation eines einzigen Transmittersystems induzierbar. Dies bedeutet jedoch nicht, dass andere Transmittersysteme unbeeinflusst bleiben.

NMDA-Rezeptorblockade reduziert die Amplitude später ereigniskorrelierter Potentiale (akustisch evozierte N100- und P300-Komponente) im Tierversuch, aber auch beim Menschen (Javitt, Jayachandra, Lindsley, Specht u. Schroeder, 2000; Ehlers, Kaneko, Wall u. Chaplin, 1992; Oranje, van Berckel, Kemner, van Ree, Kahn u. Verbaten, 2000). Die Amplituden beider Komponenten sind bei Schizophrenie vermindert und gelten als eines der robustesten Defizite bei dieser Erkrankung (Gallinat et al., 2002). Darüber hinaus führt die experimentelle Verabreichung des NMDA-Rezeptorantagonisten Ketamin bei Gesunden zu einer verstärkten Perfusion im anterioren Zingulum, präfrontalen Kortex und der Insula sowie zu einer verminderten Perfusion im mesialen Temporallappen (Breier, Malhotra, Pinals, Weisenfeld u. Pickar, 1997; Vollenweider, Leenders, Oye, Hell u. Angst, 1997). Eine frontale Minderperfusion zeigt sich auch bei Konsumenten von Phenzyklidin. Die Topographie dieser Perfusionsänderungen zeigt Ähnlichkeiten mit den zerebralen Veränderungen von Metabolismus und Durchblutung bei Schizophrenie (Dolan, Fletcher, Frith, Friston, Frackowiak u. Grasby, 1995, Sabri et al., 1997) und entspricht zudem der Anatomie der glutamatergen Innervation (Ulas, Brunner, Geddes, Choe u. Cotman, 1992). Im Tierexperiment konnte nachgewiesen werden, dass NMDA-Rezeptorblockade das Auftreten irregulärer Entladungen präfrontaler Neurone vermehrt (Jackson, Homayoun u. Moghaddam, 2004). Dies führt zu einem verschlechterten Signal-Rausch-Verhältnis frontaler Funktionen und liefert einen pharmakologischen Erklärungsrahmen für die gut beschriebenen präfrontalen Dysfunktionen bei Schizophrenie (Winterer et al., 2006).

Die bereits oben beschriebene, durch eine glutamaterge Minderfunktion bedingte verzögerte Neurodegeneration zeichnet sich durch Vakuolenbildung und Neurodegeneration aus, führt jedoch nicht zu einer Gliose. Ähnliche histologische Charakteristika zeigen sich in Post-mortem-Gehirnen von schizophrenen Patienten, bei denen ebenfalls eine Gliose fehlt (Falkai u. Bogerts, 1986). Die tierexperimentell beobachteten Veränderungen infolge NMDA-Rezeptorblockade finden sich im anterioren und posterioren Zingulum, Hippocampus und retrosplenialen Kortex und zeigen somit eine Parallele zu den histopathologischen Verhältnissen bei Schizophrenie (Olney u. Farber, 1995; Wöhrl et al., 2007). Interessanterweise zeigte sich eine Korrelation zwischen der Konzentration von Glutamat (und Aspartat) im Liquor und dem Ausmaß tardiver Dyskinesien, welche unter anderem mit neurodegenerativen Vorgängen in Verbindung gebracht werden (Tsai, Goff, Chang, Flood, Baer u. Coyle, 1998a; Goff, Tsai, Beal u. Coyle, 1995a).

In-vivo-Messung von Glutamat

Das menschliche Gehirn enthält 5–15 mmol Glutamat (Schousboe 1981; Schubert, Gallinat, Seifert u. Rinneberg, 2004) von dem der größte Anteil intrazellulär als metabolischer Pool, vor allem in den Terminalen der Nervenzellen vorkommt. Nur ein Bruchteil (3–4 µM) findet sich extrazellulär als Transmitterpool (siehe Gallinat et al., 2006). Mit Hilfe der Protonen-Magnetresonanzspektroskopie (MRS) ist es möglich, den Gehalt bestimmter zerebraler Metabolite wie auch den des Glutamats zu bestimmen. In der Regel wird hierbei in einer würfelförmigen Zielregion (region of interest) gemessen. Obwohl der metabolische Glutamatpool deutlich größer als der Transmitterpool ist, weisen funktionelle Untersuchungen darauf hin, dass die durch MRS gemessenen Konzentrationen (metabolischer plus Transmitter-Pool) mit zerebraler Aktivität korreliert sind (Gallinat et al., 2006). Frühe Untersuchungen bei schizophrenen Patienten ergaben teils widersprüchliche Ergebnisse. Modernere Methoden legen eine Veränderung der Glutamatkonzentrationen in frontalen und subkortikalen Strukturen bei schizophrenen Patienten nahe (Théberge et al., 2002; Tebartz van Elst et al., 2005). Hierbei finden sich nicht nur verminderte Konzentrationen, wie eine Glutamatmangelhypothese nahe legen mag. Vielmehr werden auch erhöhte Konzentrationen, beispielsweise im Hippocampus und rechten präfrontalen Kortex gemessen (Tebartz van Elst et al., 2005). Abhängig von der Zielregion finden sich also verschiedene Abnormitäten, was die Komplexität der Störung des Glutamtsystems unterstreicht. Die Konzentration von Glutamat in frontalen Arealen scheint zudem normales Verhalten zu modulieren und mit Persönlichkeitstraits in Verbindung zu stehen (Gallinat et al., 2007b; Montag, Schubert, Heinz u. Gallinat, 2008).

Kandidatengene der Schizophrenie und das Glutamatsystem

Darüber hinaus ist es möglich, die Bedeutung genetischer Varianten des Glutamatsystems beim Menschen zu untersuchen, indem man große Untersuchungskollektive entsprechend dieser genetischen Charakteristika gruppiert und diese Gruppen hinsichtlich der Hirnstruktur, Hirnfunktion, Verhalten und so weiter vergleicht. Die hierbei beobachteten Gruppenunterschiede können dann als Effekte dieser genetischen Varianten betrachtet werden. So zeigen erste Untersuchungen bei Menschen, dass genetische Varianten des NMDA-Rezeptors (NR3A-Untereinheit) Einfluss auf präfrontale Funktionen haben und somit potentielle Kandidaten für die präfrontalen Dysfunktionen bei Schizophrenie darstellen (Gallinat, Gotz, Kalus, Bajbouj, Sander u. Winterer, 2007a). Interessanterweise spielen die jüngst hervorgehobenen Kandidatengene der Schizophrenie (Neuregulin 1, Dysbindin, DAOA, G72, DARPP-32) eine Rolle für die glutamaterge Neurotransmission (Harrison, Law u. Eastwood, 2003). In diesem Sinne ist die molekulare Bildgebung, die verschiedene bildgebende Verfahren mit genetischen Untersuchungen kombiniert, eine interessante Methode zur Erforschung glutamaterger Störungen bei der Schizophrenie.

Interaktion von Glutamat und Dopamin

Bereits in den 1980er Jahren wurde vermutet, dass die differenzierte dopaminerge Dysfunktion durch Veränderungen im Glutamatsystem moduliert wird oder sogar bedingt ist (Carlsson, Waters u. Carlsson, 1999). Eine Schlüsselrolle haben hierbei glutamaterge Neurone des zerebralen Kortex (präfrontal, orbitofrontal, Zingulum), die auf die subkortikalen dopaminerge Kerngebiete projizieren (ventrale tegmentale Area, ventrales Striatum; Frankle, Laruelle u. Haber, 2006, s. Abb. 2a). Diese Projektionen haben dabei gegensätzliche Effekte auf die dopaminerge Neurotransmission. Zum einen aktivieren kortikale glutamaterge Fasern Dopaminneurone in der ventralen tegmentalen Area, welche zurück in den Kortex projizieren (als so genannter mesokortikaler Trakt). Eine Unterfunktion des kortikalen Glutamatsystems (s. Abb. 2b) hat somit durch mangelnde Erregung des mesokortikalen Traktes eine verminderte kortikale Aktivität zur Folge, die in Form der präfrontalen Dysfunktion bei Schizophrenie gut beschrieben ist. Zum anderen haben glutamaterge Projektionen aus dem Kortex eine hemmende Funktion (über zwischengeschaltete GABAerge Neurone) auf Dopaminneurone in der ventralen tegmentalen Area. Diese Dopaminneurone projizieren als mesolimbischer Trakt in das ventrale Striatum. Bei einer kortikalen Unteraktivität von Glutamat wird somit der mesolimbische Trakt enthemmt und die Dopaminaktivität im ventralen Striatum

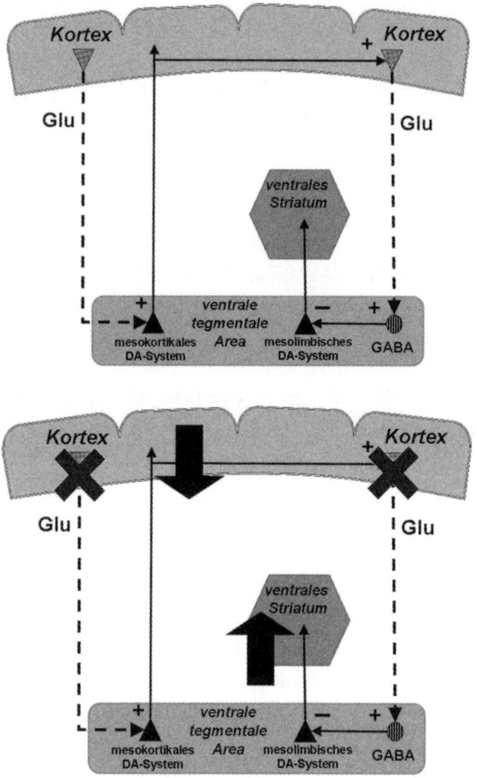

Abbildung 2a und b: Modell der kortikalen und subkortikalen Interaktion zwischen glutamatergen, dopaminergen und GABAergen Projektionen im gesunden Gehirn (a) und bei Schizophrenie (b) (modifiziert nach Carlsson et al., 1999). Eine gestörte kortikale Glutamatfunktion resultiert in einer verminderten präfrontalen glutamatergen Modulation dopaminerger Strukturen. Dies führt zu einer reduzierten Aktivierung von Dopaminneuronen der ventralen tegmentalen Area (VTA), so dass es zu einer präfrontalen dopaminergen Minderaktivierung kommt. Gleichzeitig führt die verminderte Glutamataktivität auch zu einer Unterstimulation hemmender GABA-Neurone, die in einer verstärkten Dopaminaktivität im ventralen Striatum resultiert.
Glu: Glutamat; DA: Dopamin; GABA: gamma-amino-Buttersäure; + Aktivierung; – Inhibition

steigt an, was in PET Untersuchungen bei Schizophrenie bestätigt werden konnte (Kegeles et al., 2000). Mit Hilfe der glutamatergen Unterfunktion kann also diese dysfunktionale Dopaminaktivität –

Minderaktivität im Kortex, aber Überfunktion im Striatum – erklärt werden. Zudem ist die Dysfunktion beider Botenstoffe im ventralen Striatum an eine Enthemmung thalamischer Projektionen zum Kortex gekoppelt (Carlsson et al., 1999). Dieser Aspekt wurde mit einer gestörten Filterung sensorischer Reize und einer konsekutiven Reizüberflutung des Kortex mit psychotischer Dekompensation in Verbindung gebracht.

Dieses Modell ist durch eine Reihe tierexperimenteller und pharmakologischer Untersuchungen entwickelt worden. Es fehlen jedoch bisher praktikable Radioliganden für das Glutamatsystem, mit denen ein experimenteller Nachweis mittels PET beim Menschen möglich wäre. Indirekt gelingt jedoch der Nachweis eines glutamatergen Effekts auf das Dopaminsystem. So steigert die Gabe des NMDA-Rezeptorantagonisten Ketamin (Anästhetikum und in der Szene wieder beliebte Partydroge »special K«) bei Gesunden die Dopaminfreisetzung im Striatum (unter gleichzeitiger Amphetamingabe) und induziert somit eine dysfunktionale dopaminerge Neurotransmission wie bei Schizophrenie (Laruelle, Kegeles u. Abi-Dargham, 2003).

Die Interaktion zwischen den Transmittersystemen findet nicht nur auf der makroanatomischen Ebene (kortikal-subkortikal), sondern auch auf der Ebene einzelner Kerngebiete statt, nämlich innerhalb des ventralen Striatums und anderer subkortikaler Nuclei (West u. Grace, 2002). Sogar nicht-synaptisches, extrazelluläres Glutamat beeinflusst glutamaterge und dopaminerge Neurotransmission (Baker, Xi, Shen, Swanson u. Kalivas, 2002). Daher ist die Frage der Kausalität und initialen Genese der Schizophrenie schwer zu beantworten und bisher ungeklärt (Kim, Kornhuber, Schmid-Burgk u. Holzmuller, 1980; Kornhuber, Kornhuber u. Kornhuber, 1984; Gallinat, Obermayer u. Heinz, 2008). Der beobachtete Verlust von Synapsen im zerebralen Kortex schizophrener Patienten könnte ein Argument für eine primäre Unterfunktion des Glutamatsystems sein, da diese Synapsen überwiegend glutamaterg sind (Feinberg, 1982). Der Beginn der Schizophrenie im Adoleszentenalter wird unter anderem dadurch erklärt, dass eine Störung im Glutamatsystem erst durch die abgeschlossene Vernetzung mit anderen Neurotransmittern und Neuromodulatoren (vor allem dem Dopamin) relevant wird. Diese Vernetzung wird erst bei einem gewissen Hirnreifungsgrad, der bis ins Erwachsenenalter hineinreicht, wirksam. Hierzu passt die Beobachtung, dass der NMDA-Rezeptorantagonist Ketamin zwar bei

Adoleszenten und Erwachsen, nicht aber im Kindesalter Psychosen erzeugt (Olney u. Farber, 1995).

Therapie mit Glutamat-aktiven Substanzen

Eine Reihe von Studien untersucht die Wirkung von Substanzen auf schizophrene Symptome, die direkt oder indirekt an Glutamat-sensitiven Rezeptoren ansetzen. Bei schizophrenen Patienten mit üblicher antipsychotischer Therapie führt die Zugabe von Glycin – einem Ko-Agonisten am NMDA-Rezeptor, der die Glutamatwirkung verstärkt – zu einem Rückgang vor allem von Negativsymptomen und ein wenig auch von kognitiven Störungen und Positivsymptomatik. Diese Potenzierung der Antipsychotikawirkung zeigt sich nicht bei einer Glycin-Zugabe zu Clozapin, vermutlich da Clozapin selbst an die Aktivität an den NMDA-Rezeptoren verstärkt (Heresco-Levy, Javitt, Ermilov, Mordel, Silipo u. Lichtenstein, 1999; Millan, 2005). Ein ähnliches Wirkungsprofil zeigte sich für den NMDA-Rezeptoragonisten D-Zykloserin als Monotherapie oder in Kombination mit Antipsychotika (Tsai, Yang, Chung, Lange u. Coyle, 1998b; Goff, Tsai, Manoach u. Coyle, 1995b). Ampakine sind Modulatoren am AMPA-Rezeptor und verbessern die LTP sowie das Lernen im Tierexperiment. Studien zur Verbesserung von kognitiven Störungen bei Schizophrenie zeigen jedoch widersprüchliche Ergebnisse (Goff et al., 2001, 2007). Clozapin reduziert Ketamin-induzierte Exazerbation psychotischer Symptome bei schizophrenen Patienten (Malhotra, Adler, Kennison, Elman, Pickar u. Breier, 1997). Dieses Ergebnis ist kompatibel mit der Beobachtung, dass Clozapin (und Olanzapin) die im Tierversuch durch NMDA-Rezeptorblockade erzeugten kognitiven Defizite und neurotoxischen Effekte vermindern (Olney u. Farber, 1995). Sehr robuste und hoffnungsvolle Ergebnisse zeigte jüngst eine kontrollierte Untersuchung, in der positive und negative Symptome bei schizophrenen Patienten durch die Therapie mit LY2140023, einem neuen Agonisten des metabotropen Glutamat-2/3-Rezeptors (mGlu2/3), in ähnlichem Ausmaß zurückgingen wie in der Vergleichsgruppe mit Olanzapin. Dies ist die erste Untersuchung, in der eine nicht Dopamin-wirksame Substanz klinisch relevante antipsychotische Wirkung unter Beweis stellt (Patil et al., 2007). Weitere Glutamat-aktive Substanzen sind in der Entwicklung und können eine neue Form von antipsychotischer Therapie jenseits der Dopaminmodulation begründen. Eine gute Balance zwischen der bisher üblichen Dopaminblockade und einer NMDA-Rezeptormodulation ist vermutlich ausschlaggebend für eine erfolgreiche pharmakologische Therapie positiver, negativer und kognitiver Symptome der Schizophrenie.

Literatur

Abi-Dargham, A., Mawlawi, O., Lombardo, I., Gil, R., Martinez, D., Huang, Y., Hwang, D. R., Keilp, J., Kochan, L., Van Heertum, R., Gorman, J. M., Laruelle, M. (2002). Prefrontal dopamine D1 receptors and working memory in schizophrenia. J. Neurosci. May 1, 22(9), 3708-3719.

Abi-Dargham, A., Rodenhiser, J., Printz, D., Zea-Ponce, Y., Gil, R., Kegeles, L. S., Weiss, R., Cooper, T. B., Mann, J. J., Van Heertum, R. L., Gorman, J. M., Laruelle, M. (2000). Increased baseline occupancy of D2 receptors by dopamine in schizophrenia. Proc. Natl. Acad. Sci. USA. Jul. 5; 97(14), 8104-8109.

Baker, D. A., Xi, Z. X., Shen, H., Swanson, C. J., Kalivas, P. (2002). The origin and neuronal function of in vivo nonsynaptic glutamate. J. Neuroscience 22, 9134-9141.

Bertolino, A., Breier, A., Callicott, J. H., Adler, C., Mattay, V. S., Shapiro, M., Frank, J. A., Pickar, D., Weinberger, D. R. (2000). The relationship between dorsolateral prefrontal neuronal N-acetylaspartate and evoked release of striatal dopamine in schizophrenia. Neuropsychopharmacology. Feb. 22(2), 125-132.

Bilder, R. M., Bogerts, B., Ashtari, M., Wu, H., Alvir, J. M., Jody, D., Reiter, G., Bell, L., Lieberman, J. A. (1995). Anterior hippocampal volume reductions predict frontal lobe dysfunction in first episode schizophrenia. Schizophr. Res. Sep. 17(1), 47-58.

Breier, A., Malhotra, A. K., Pinals, D. A., Weisenfeld, N. I., Pickar, D. (1997). Association of ketamine-induced psychosis with focal activation of the prefrontal cortex in healthy volunteers. Am. J. Psychiatry 154, 805-811.

Carlsson, A., Waters, N., Carlsson, M. L. (1999). Neurotransmitter interactions in schizophrenia-therapeutic implications. Biol. Psychiatry. Nov. 15, 46(10):1388-1395.

DeLisi, L. E. (1999). Regional brain volume change over the life-time course of schizophrenia. J. Psychiatr. Res. Nov.-Dec., 33(6): 535-541.

Dolan, R. J., Fletcher, P., Frith, C. D., Friston, K. J., Frackowiak, R. S., Grasby, P. M. (1995). Dopaminergic modulation of impaired cogni-

tive activation in the anterior cingulate cortex in schizophrenia. Nature 378: 180-182.
Ehlers, C. L., Kaneko, W. M., Wall, T. L., Chaplin, R. I. (1992). Effects of dizocilpine (MK-801) and ethanol on the EEG and event-related potentials (ERPS) in rats. Neuropharmacology 31: 369-378.
Falkai, P., Bogerts, B. (1986). Cell loss in the hippocampus of schizophrenics. Eur. Arch. Psychiatry Neurol. Sci. 236: 154-161.
Feinberg, I. (1982). Schizophrenia: caused by a fault in programmed synaptic elimination during adolescence? J. Psychiatr. Res. 17(4): 319-334.
Frankle, W. G., Laruelle, M., Haber, S. N. (2006). Prefrontal cortical projections to the midbrain in primates: Evidence for a sparse connection. Neuropsychopharmacol. 31: 1627-1636.
Gallinat, J., Mulert, C., Bajbouj, M., Herrmann, W. M., Schunter, J., Senkowski, D., Muchtieva, R., Kronfeldt D., Winterer G. (2002). Frontal and temporal dysfunction of auditory stimulus processing in schizophrenia. Neuroimage 17: 110-127.
Gallinat, J., Bajbouj, M., Sander, T., Schlattmann, P., Xu, K., Ferro, E. F., Goldman, D., Winterer, G. (2003). Association of the G1947A COMT (Val(108/158)Met) gene polymorphism with prefrontal P300 during information processing. Biol. Psychiatry. Jul 1;54(1): 40-8.
Gallinat, J., Kunz, D., Senkowski, D., Kienast, T., Seifert, F., Schubert, F., Heinz, A. (2006). Hippocampal glutamate concentration predicts cerebral theta oscillations during cognitive processing. Psychopharmacology 187(1): 103-111.
Gallinat, J., Gotz, T., Kalus, P., Bajbouj, M., Sander, T., Winterer, G. (2007a). Genetic variations of the NR3A subunit of the NMDA receptor modulate prefrontal cerebral activity in humans. J. Cogn. Neurosci. 19(1): 59-68.
Gallinat, J., Kunz, D., Lang, U. E., Neu, P., Kassim, N., Kienast, T., Seifert, F., Schubert, F., Bajbouj, M. (2007b). Association between cerebral glutamate and human behaviour: The sensation seeking personality trait. Neuroimage 34: 671-678.
Gallinat, J., Obermayer, K., Heinz, A. (2008). Systems neurobiology of the dysfunctional brain: schizophrenia. Pharmacopsychiatry (in press).
Goff, D. C., Tsai, G., Beal, M. F., Coyle, J. T. (1995a). Tardive dyskinesia and substrates of energy metabolism in CSF. Am. J. Psychiatry 152: 1730-1736.
Goff, D. C., Tsai, G., Manoach, D. S., Coyle, J. T. (1995b). Dose-finding trial of D-cycloserine added to neuroleptics for negative symptoms in schizophrenia. Am. J. Psychiatry 152: 1213-1215.

Goff, D. C., Leahy, L., Berman, I., Posever, T., Herz, L., Leon, A. C., Johnson, S. A., Lynch, G. A. (2001). Placebo-controlled pilot study of the ampakine CX516 added to clozapine in schizophrenia. J. Clin. Psychopharmacol. 21(5): 484-487.

Goff, D. C., Lamberti, J. S., Leon, A. C., Green, M. F., Miller, A. L., Patel, J., Manschreck, T., Freudenreich, O., Johnson, S. A. (2007). A Placebo-Controlled Add-On Trial of the Ampakine, CX516, for Cognitive Deficits in Schizophrenia. Neuropsychopharmacology [Epub ahead of print].

Harrison, P. J. (2004).The hippocampus in schizophrenia: a review of the neuropathological evidence and its pathophysiological implications. Psychopharmacology (Berl). Jun., 174(1): 151-62.

Harrison, P. J., Law, A. J., Eastwood, S. L. (2003). Glutamate receptor and transporters in the hippocampus in schizophrenia. Ann, NY. Acad. Sci. 1003: 94-101.

Heresco-Levy, U., Javitt, D. C., Ermilov, M., Mordel, C., Silipo, G., Lichtenstein, M. (1999). Efficacy of high-dose glycine in the treatment of enduring negative symptoms of schizophrenia. Arch. Gen. Psychiatry 56: 29-36.

Jackson, M. E., Homayoun, H., Moghaddam, B. (2004). NMDA receptor hypofunction produces concomitant firing rate potentiation and burst activity reduction in the prefrontal cortex. PNAS 101: 8467-8472 2004

Javitt, D. C., Jayachandra, M., Lindsley, R. W., Specht, C. M., Schroeder, C. E. (2000). Schizophrenia-like deficits in auditory P1 and N1 refractoriness induced by the psychomimetic agent phencyclidine (PCP). Clin. Neurophysiol. 111: 833-836.

Kegeles, L. S., Abi-Dargham, A., Zea-Ponce, Y., Rodenhiser-Hill, J., Mann, J. J., Van Heertum, R. L., Cooper T. B., Carlsson A., Laruelle M. (2000). Modulation of amphetamine-induced striatal dopamine release by ketamine in humans: implications for schizophrenia. Biol. Psychiatry. Oct. 1; 48(7): 627-640.

Kerwin, R., Patel, S., Meldrum, B. (1990). Quantitative autoradiographic analysis of glutamate binding sites in the hippocampal formation in normal and schizophrenic brain post mortem. Neuroscience 39: 25-32.

Kim, J. S., Kornhuber, H. H., Schmid-Burgk, W., Holzmuller, B. (1980). Low cerebrospinal fluid glutamate in schizophrenic patients and a new hypothesis on schizophrenia. Neurosci. Lett. 20: 379-382.

Kornhuber, H. H., Kornhuber, J., J. S., Kornhuber, M. E. (1984). A biochemical theory of schizophrenia. Nervenarzt 55(11): 602-606.

Laruelle, M., Kegeles, L. S., Abi-Dargham, A. (2003). Glutamate,

dopamine, and schizophrenia: from pathophysiology to treatment. Ann N Y Acad. Sci. Nov. 1003: 138-158.
Lipska, B. K., Weinberger, D. R. (1998). Prefrontal cortical and hippocampal modulation of dopamine-mediated effects. Adv. Pharmacol. 42: 806-809.
Malhotra, A. K., Adler, C. M., Kennison, S. D., Elman, I., Pickar, D., Breier, A. (1997). Clozapine blunts N-methyl-D-aspartate antagonist-induced psychosis: a study with ketamine. Biol. Psychiatry 42: 664-668.
Manahan-Vaughan, D., von Haebler, D., Winter, C., Juckel, G., Heinemann, U. (2008). A single application of MK801 causes symptoms of acute psychosis, deficits in spatial memory, and impairment of synaptic plasticity in rats. Hippocampus 18(2): 125-34.
Meyer-Lindenberg, A., Miletich, R. S., Kohn, P. D., Esposito, G., Carson, R. E., Quarantelli, M., Weinberger, D. R., Berman, K. F. (2002). Reduced prefrontal activity predicts exaggerated striatal dopaminergic function in schizophrenia. Nat Neurosci. Mar., 5(3): 267-271.
Millan, M. J. (2005). N-Methyl-D-aspartate receptors as a target for improved antipsychotic agents: novel insights and clinical perspectives. Psychopharmacology, Apr. 179(1): 30-53.
Montag, C., Schubert, F., Heinz, A., Gallinat, J. (2008). Prefrontal Cortex Glutamate Correlates with Cognitive Empathy. Schizophrenia Res. (in press).
Murray, R. M., Lewis, S. W. (1987). Is schizophrenia a neurodevelopmental disorder? Br. Med. J. (Clin. Res. Ed.). Sep. 19, 295(6600): 681-682.
Newcomer, J. W., Farber, N. B., Jevtovic-Todorovic, V., Selke, G., Melson, A. K., Hershey, T., Craft, S., Olney, J. W. (1999). Ketamine-induced NMDA receptor hypofunction as a model of memory impairment and psychosis. Neuropsychopharmacology 20: 106-118.
Nieuwenstein, M. R., Aleman, A., de Haan, E. H. (2001). Relationship between symptom dimensions and neurocognitive functioning in schizophrenia: a meta-analysis of WCST and CPT studies. Wisconsin Card Sorting Test. Continuous Performance Test. J. Psychiatr. Res. Mar.–Apr. 35(2):119-125.
Olney, J. W., Farber, N. B. (1995). Glutamate receptor dysfunction and schizophrenia. Arch Gen Psychiatry 52: 998-1007.
Oranje, B., van Berckel, B. N., Kemner, C., van Ree, J. M., Kahn, R. S., Verbaten, M. N. (2000). The effects of a sub-anaesthetic dose of ketamine on human selective attention. Neuropsychopharmacology 22: 293-302.
Patil, S. T., Zhang, L., Martenyi, F., Lowe, S. L., Jackson, K. A., Andreev, B. V., Avedisova, A. S., Bardenstein, L. M., Gurovich, I. Y., Morozova,

M. A., Mosolov, S. N., Neznanov, N. G., Reznik, A. M., Smulevich, A. B., Tochilov, V. A., Johnson, B. G., Monn, J. A., Schoepp, D. D. (2007). Activation of mGlu2/3 receptors as a new approach to treat schizophrenia: a randomized Phase 2 clinical trial. Nat Med. Oct. 13(9): 1102-1107.

Rosoklija, G., Toomayan, G., Ellis, S. P., Keilp, J., Mann, J. J., Latov, N., Hays, A. P., Dwork, A. J. (2000). Structural abnormalities of subicular dendrites in subjects with schizophrenia and mood disorders: preliminary findings. Arch. Gen. Psychiatry. Apr. 57(4): 349-356.

Sabri, O., Erkwoh, R., Schreckenberger, M., Cremerius, U., Schulz, G., Dickmann, C., Kaiser, H. J., Steinmeyer, E. M., Sass, H., Buell, U. (1997). Regional cerebral blood flow and negative/positive symptoms in 24 drug-naive schizophrenics. J. Nucl. Med. 38: 181-188.

Schousboe, A. (1981). Transport and metabolism of glutamate and GABA in neurons are glial cells. Int. Rev. Neurobiol. 22: 1-45.

Schubert, F., Gallinat, J., Seifert, F., Rinneberg, H. (2004). Glutamate concentrations in the human brain using single voxel proton magnetic resonance spectroscopy at 3 Tesla Neuroimage 24: 1762-1771.

Shenton, M. E., Dickey, C. C., Frumin, M., McCarley, R. W. (2001). A review of MRI findings in schizophrenia. Schizophr. Res. Apr. 15, 49(1-2):1-52.

Tebartz van Elst, L., Valerius, G., Büchert, M., Thiel, T., Rüsch, N., Bubl, E., Henning, J., Ebert, D., Olbrich, H. M. (2005). Increased prefrontal and hippocampal glutamate concentration in schizophrenia: Evidence from a magnetic resonance spectroscopy study. Biol. Psychiatry 58, 724-730.

Théberge, J., Bartha, R., Drost, D. J., Menon, R. S., Malla, A., Takhar, J., Neufeld, R. W., Rogers, J., Pavlosky, W., Schaefer, B., Densmore, M., Al-Semaan, Y., Williamson, P. C. (2002). Glutamate and glutamine measured with 4.0 T proton MRS in never-treated patients with schizophrenia and healthy volunteers. Am. J. Psychiatry. 159(11): 1944-1946.

Tsai, G., Goff, D. C., Chang, R. W., Flood, J., Baer, L., Coyle, J. T. (1998a). Markers of glutamatergic neurotransmission and oxidative stress associated with tardive dyskinesia. Am. J. Psychiatry 155: 1207-1213.

Tsai, G., Yang, P., Chung, L. C., Lange, N., Coyle, J. T. (1998b). D-serine added to antipsychotics for the treatment of schizophrenia. Biol. Psychiatry 44: 1081-1089.

Ulas, J., Brunner, L. C., Geddes, J. W., Choe, W., Cotman, C. W. (1992). N-methyl-D-aspartate receptor complex in the hippocampus of elderly, normal individuals and those with Alzheimer‘s disease. Neuroscience 49: 45-61.

Vollenweider, F. X., Leenders, K. L., Oye, I., Hell, D., Angst, J. (1997). Differential psychopathology and patterns of cerebral glucose utilisation produced by (S)- and (R)-ketamine in healthy volunteers using positron emission tomography (PET). Eur. Neuropsychopharmacol. 7: 25-38.

Weinberger, D. R. (1987). Implications of normal brain development for the pathogenesis of schizophrenia. Arch. Gen. Psychiatry. Jul. 44(7): 660-669.

Weinberger, D. R., McClure, R. K. (2002). Neurotoxicity, neuroplasticity, and magnetic resonance imaging morphometry: what is happening in the schizophrenic brain? Arch. Gen. Psychiatry. Jun. 59(6): 553-558.

West, A. R., Grace, A. A. (2002). Opposite influences of endogenous dopamine D1 and D2 receptor activation on activity states and electrophysiological properties of striatal neurons: studies combining in vivo intracellular recordings and reverse microdialysis. J. Neurosci. Jan. 1, 22(1): 294-304.

Willner, P. (1997). The dopamine hypothesis of schizophrenia: current status, future prospects. Int. Clin. Psychopharmacol. Nov., 12(6): 297-308.

Winterer, G., Musso, F., Beckmann, C., Mattay, V., Egan, M. F., Jones, D. W., Callicott, J. H., Coppola, R., Weinberger, D. R. (2006). Instability of prefrontal signal processing in schizophrenia. Am. J. Psychiatry, 163(11): 1960-1968.

Wöhrl, R., Eisenach, S., Manahan-Vaughan, D., Heinemann, U., von Haebler, D. (2007). Acute and long-term effects of MK-801 on direct cortical input evoked homosynaptic and heterosynaptic plasticity in the CA1 region of the female rat. Eur. J. Neurosci. Nov. 26(10): 2873-2883.

Stavros Mentzos

Die gestörte Balance: Parallelitäten zwischen Neurobiologie und Psychodynamik der Psychosen

Faszination und Grenzen der modernen Neurobiologie

Nicht nur viele Psychoanalytiker oder psychodynamisch orientierte Psychiater zweifelten bis vor 15 bis 20 Jahren an der Nützlichkeit der Erforschung des Gehirns für ihre Fachgebiete. Jäncke (2007) macht darauf aufmerksam, dass sogar die empirische Psychologie sich lange nicht wirklich für das menschliche Gehirn interessiert hat. Im Vordergrund stand immer der Wunsch menschliches Verhalten besser zu verstehen. Der Begründer des Behaviorismus, B. F. Skinner, hat bis zu seinem Tode die Untersuchung des Gehirns abgelehnt. Für ihn war die Hirnforschung, zumindest zu seinen Lebenszeiten, bei weitem noch nicht so weit, um das Verhalten von Tieren und Menschen aus der Funktionsweise des Gehirns vorherzusagen.

Das änderte sich rasch mit der Entwicklung der bildgebenden Verfahren (Positronen-Emissions-Tomografie (PET), strukturelle Magnetresonanz-Tomografie (sMRT), funktionelle Magnetresonanz-Tomografie (fMRT)), welche neue Möglichkeiten zur Untersuchung des menschlichen Gehirns eröffneten.

Der bekannte Ulmer Psychiater und Hirnforscher Manfred Spitzer (2007) beschreibt überzeugend seine Überraschung und Faszination, als er zum ersten Mal im Magnet-Resonanz-Tomograf liegend seine Absicht, sich nach links oder rechts zu bewegen, das Korrelat dieses seines Gedankens auf dem Bild gleichzeitig wahrnehmen konnte.

Weitere wichtige neue Entwicklungen sind die Magnet-Enzephalografie (MEG), die moderne EEG-Technologie, die transkranielle Magnetstimulation (TMS) sowie die transkranielle Gleichtstrom-Stimulation (DCS), mit der man von außen das Gehirn erregen oder gar hemmen kann (Jäncke, 2005).

Die Begeisterung für die vielfachen Möglichkeiten der neuen

Methoden war so groß, dass die Ergebnisse der neurobiologischen Forschung sich explosionsartig ausweiteten und nicht mehr in ihrer Gesamtheit zu überschauen sind. So hat sich die Anzahl der Journale, die sich mit dem Thema Neurobiologie befassen, in den letzten 15 Jahren mindestens verzehnfacht, und die Anzahl der Studien, zum Beispiel zum Thema fMRT, ist von über 50 auf weit über 1000 pro Jahr gestiegen (Schüßler, 2004, S. 407). Manche Neurobiologen meinen, dass die »Kartierung« höherer geistiger Leistungen und deren Pathologien in greifbare Nähe rücken.

In welchem Ausmaß jedoch diese zunächst faszinierenden Ergebnisse und Möglichkeiten zu manchen kritiklosen Übertreibungen und Selbstüberschätzungen geführt haben, zeigt die heftige – zum Glück in der Zwischenzeit etwas moderater gewordene – Debatte über das Bewusstsein und den freien Willen. Die Begeisterung für diese neuen Methoden hat dazu geführt, dass die von Anfang an erhobenen, berechtigten kritischen Einwände sowie die Forderung nach einer gewissen Mäßigung und Sachlichkeit bei den Schlussfolgerungen zunächst überhört wurden.

Erst allmählich ist man bereit einzusehen, dass die mithilfe dieser Methoden fassbaren Aktivierungen bestimmter Gehirnareale und bestimmter neuronaler Systeme während kognitiver, emotionaler, motorischer oder sensorischer Vorgänge lediglich korrelative und keine kausalen Zusammenhänge sind. Des Weiteren ist es wenigstens bis jetzt nicht möglich gewesen, eine genaue zeitliche Koinzidenz zwischen dem zerebralen Vorgang und seiner Registrierung zu erreichen; meistens vergehen fünf bis sieben Sekunden, bis es zur Abbildung der Aktivierung kommt. Außerdem weiß man eigentlich nicht, was genau das ist, was man misst: Ist das, was wir erfassen, das direkte Korrelat des psychischen Vorganges oder ist es das Korrelat eines daraufhin folgenden Prozesses oder das Korrelat einer darauf erfolgenden Kompensation? Man spricht von den drei C, die man in Erwägung zu ziehen hat bei der Beurteilung und Zuordnung jeder erfassten Aktivierung: ob es sich also um eine *cause*, eine *consequence* oder schließlich um eine *compensation* handelt (Lewis, zitiert nach Schüßler, 2004, S. 420).

Trotz dieser kritischen Einwände, die die derzeitigen Grenzen bei der Interpretation der Ergebnisse deutlich machen, besteht wohl kein Zweifel daran, dass die neuen Methoden eine große und früher kaum vorstellbare Bereicherung darstellen. Um nur zwei Beispiele zu erwähnen: Die Zeiten der Herrschaft der Bewusstseinspsychologie sind für immer vorbei (was auch S. Freud freuen würde!). Kein Mensch würde heute die Existenz, die Bedeutung, die Vielfalt von unbewussten Prozessen anzweifeln. Die zweite revolutionäre Entdeckung ist die Plastizität des Gehirns. Nicht nur neuronale Funktionen, sondern auch Strukturen sind eindeutig durch Erfahrung, also sowohl unbewusste als auch bewusste, erlebbare Erfahrung, veränderbar. »Die Größe des posterioren Hypocampusareals, das in räumliches Lernen eingebunden ist, ist bei Londoner Taxifahrern deutlich größer, wobei die Größe mit der Dauer des Taxifahrertrainings korreliert« (Jäncke, 2007, S. 128).

»Professionelle Musiker zeichnen sich z. B. durch vergrößerte sensorische und motorische Areale aus, wobei das Ausmaß der strukturellen Veränderungen mit der Dauer und Intensität des Musiktrainings zusammenhängt« (Jäncke, 2001). Aber noch einmal zu den problematischen Aspekten. Die registrierbaren Aktivierungen beinhalten keine *inhaltlichen* Informationen, es wird nur gezeigt, dass eine bestimmte Struktur aktiviert wird; den Inhalt interpretieren wir dann sozusagen aufgrund unserer psychologischen und psychopathologischen Beobachtungen hinein. Außerdem geht es meistens nicht um die Aktivierung eines Areals, einer Struktur, sondern um eine Kombination, es geht also oft um vernetzte neuronale Systeme, wodurch die Schwierigkeiten der Interpretation noch größer werden.

Trotz dieser Einwände, trotz der Gefahr von Überinterpretationen und reduktionistischen Schlussfolgerungen will ich im folgenden Abschnitt versuchen, einige der Befunde der Hirnforschung bei den Psychosen zu skizzieren.

Die Psychosomatik der Psychosen

Bis vor kurzem ist das Gehirn als Gegenstand der Psychosomatik beziehungsweise als »Erfolgsorgan« innerhalb eines psychosomatischen Zusammenhanges nicht ernst genommen worden. In den großen Lehrbüchern der Psychosomatik bis in die 1970er Jahre hinein fand man ausgedehnte Kapitel über die Psychosomatik des Herz-Kreislauf-Systems, des Atmungssystems, der Haut, des urogenitalen Systems und so weiter, doch keine oder sehr kleine Abschnitte über die Psychosomatik des Gehirns. Dies hing erstens damit zusammen, dass die höhere, so genannte psychische Funktion des Gehirns nicht direkt objektiv beobachtet und gemessen werden konnte (vielleicht mit Ausnahme des damals noch nicht differenzierter entwickelten Elektroenzephalogramms). Zum zweiten wurde das Gehirn damals wahrscheinlich auch deswegen stiefmütterlich behandelt, weil man innerhalb des Begriffes und des Terminus »psychosomatisch« das »psycho« als gleichbedeutend mit dem Gehirn in Gegenüberstellung mit dem (übrigen) Körper dem Soma sah. Man sah sozusagen zunächst davon ab, dass auch das Gehirn freilich ein Teil des Körpers, des Somas ist. Auch das Gehirn kann heute während seiner Funktion überwacht und untersucht werden. Von daher hat die Stunde der Psychosomatik des Gehirns längst geschlagen.

Beim Versuch, einen begrifflichen Rahmen zur Beschreibung der hier interessierenden psychosomatischen und somatopsychischen Zusammenhänge bei den Psychosen zu finden, kam ich auf das alte Konzept der Psychosomatosen der älteren Psychosomatik aus den 1960er, 1970er Jahren, und zwar mit der Hypothese, dass die Psychosen die bis dahin vernachlässigten Psychosomatosen des Gehirns seien. Ich versprach mir davon, dass wir uns die damals in den 1940er und 1950er Jahren von den »großen« Psychosomatikern (meistens Internisten und andere Mediziner) gesammelten Erfahrungen und insbesondere die angestellten Überlegungen zunutze machen könnten, also auch in Bezug auf das Gehirn, zumal es sich bei den Psychosen, wie auch bei den klassischen internistischen dermatologischen und anderen Psychosomatosen, offensichtlich um Erkrankungen handelt, die sowohl genetische Voraussetzungen, aber auch maßgebende psychosoziale Ursachen haben.

Letzteres zeigt sich besonders eindrucksvoll zum Beispiel in den Ergebnissen der jahrzehntelang gelaufenen finnischen Adoptivkinderuntersuchungen von Tienari und Mitarbeitern, die leider unter den psychiatrischen Kollegen wenig bekannt geworden sind und in den gängigen psychiatrischen Lehrbüchern entweder ignoriert oder nur am Rande erwähnt werden. Dort zeigte es sich, dass zwar die von schizophrenen Müttern stammenden und früh adoptierten Kinder später häufiger – im Vergleich zu biologisch nicht belasteten, aber ebenfalls adoptierten Kindern – an einer Psychose erkranken, dass dennoch dies vorwiegend oder fast ausschließlich dann der Fall ist, wenn die Kinder das Unglück hatten, von kommunikativ gestörten Familien adoptiert zu werden. Umgekehrt wurden Kinder, die das Glück hatten, bei in dieser Hinsicht gesunden Familien aufgenommen zu werden, viel seltener oder überhaupt nicht psychisch auffällig.

Schon dieser Befund zeigt, dass das Zusammenwirken von somatischen und psychischen Faktoren bei der Entstehung von manifesten Psychosen außer Zweifel steht. Auch viele andere Befunde unterstützen diese Annahme. Die Einzelheiten und die Art dieses Zusammenwirkens, also die Einzelheiten über die somatopsychischen und psychosomatischen Zusammenhänge, sind dennoch weitgehend unbekannt oder zumindest unklar. Die stürmische Entwicklung der Neurobiologie könnte zu einer differenzierteren Erfassung dieser psychosomatischen Zusammenhänge wesentlich beitragen. Schon die oben erwähnte Entdeckung der Plastizität des Gehirns, also der Beeinflussung seiner Funktion und seiner Struktur durch unbewusste und bewusste Erfahrungen, stellt einen wichtigen Schritt in diese Richtung dar.

Neurobiologische Korrelate psychotischer Störungen

Genetische Studien und ihre Problematik

Epidemiologische Untersuchungen haben längst die Bedeutung von biologisch vererbbaren Faktoren in der Ätiologie der Psychosen bewiesen – obwohl Untersuchungen wie die oben erwähnte finnische Adoptivkinderstudie gleichzeitig auch die Gleichgewichtigkeit von psychosozialen Faktoren eindrucksvoll veranschaulichen. Wie es aber zu dieser Übergabe des erbbiologischen Anteils kommt, war über lange Zeit unbekannt und bleibt auch heute noch in vielen Punkten unklar. Eine regelrechte, übliche Vererbung nach Mendel'schen Gesetzmäßigkeiten liegt mit Sicherheit nicht vor. Wenn überhaupt, so muss ein komplexes System, eine komplizierte Zusammenwirkung mehrerer Gene vorliegen, die aber allenfalls zu einer vermehrten Bereitschaft zur Entwicklung der psychotischen Störung beitragen. Zuletzt hat man dennoch einzelne Gene, wie das Disk 1 oder das Neuregulin 1, entdeckt, die wahrscheinlich eine zentrale und entscheidende Rolle in dieser Genkombination spielen. Man vermutet, dass durch Translokationen dieser Gene sowohl Entwicklungsstörungen bei der Reifung des zentralen Nervensystems als auch Besonderheiten in der Funktion des erwachsenen Gehirns verursacht werden.

Dennoch verhält es sich wahrscheinlich so, dass diese und vielleicht viele andere beteiligte Gene nur dann überhaupt zum manifesten Phänotyp führen, wenn es zu einer entsprechenden Gen-Expression kommt, und dies hängt nun wahrscheinlich auch von zusätzlichen Umgebungs- und psychosozialen Faktoren ab. Es ist bekannt, dass normalerweise nur 15 % des Genotyps zum offenen Phänotyp exprimiert werden.

Was allerdings unter Umgebungsfaktoren verstanden wird, ist recht unterschiedlich. Bei den verschiedenen Forschern bezeichnend ist, dass manche von ihnen – auf der Suche nach diesen zusätzlichen peristatischen Faktoren, die zu einer vermehrten Gen-Expression oder auch direkt zur Entstehung des Phänotyps beitragen – ihr Augenmerk einseitig auf biologische Daten und Faktoren richten. So stellen sie fest, dass perinatale Komplikationen oder frühere oder spätere Entzündungen, also entzündliche Prozesse dazu gehören können. Besonders die Entzündungen werden aufgrund der Datenlage ernster genommen. Da jedoch verschiedene bakterielle Erreger und Viren in Frage kommen, bieten diese Forscher als gemeinsamen pathogenen Faktor die bei den verschiedenen Entzündungen tatsächlich vermehrt ausgeschiedenen *Stresshormone* an. Dass jedoch Stresshormone, welche, wie wir wissen, bestimmte zerebrale Strukturen beeinträchtigen, auch durch psychisch oder psychosozial erzeugten Stress den Körper überfluten, bleibt in sonst sehr präzise und korrekt erstatteten Studien und Berichten unerwähnt.

Die genetische Forschung macht also Fortschritte, es wäre nur zu wünschen, dass auch die psychosozialen Faktoren gleichgewichtig berücksichtigt werden, wodurch wahrscheinlich auch die heute noch bestehenden genetischen Probleme leichter zu lösen wären.

Interessanter und vielversprechend sind allerdings auf dem Gebiet manche weiter gehenden Konzepte wie das der evolutionären Psychiatrie von Burns (2004) sowie die Schwerpunktveränderung und konzeptionelle Umorientierung in Bezug auf die gesuchten Korrelationen. Man beginnt jetzt nicht nach Gen-Konstellationen zu suchen, die mit bestimmten *nosologischen* »Erkrankungen« (Schizophrenie, affektive Psychosen etc.), sondern mit *elementaren* dahinter stehenden, zum Beispiel emotionalen Zuständen und Mustern korrelieren (vgl. dazu Panksepp, 2006).

Strukturelle Veränderungen

Die bei einem Teil der Schizophrenen schon vor Jahrzehnten pneumo-enzephalografisch festgestellte Erweiterung der Ventrikel des Gehirns konnte jetzt durch die moderne, nichtinvasive Methodik bestätigt werden. Aktueller und wichtiger sind aber Befunde, die für Volumenreduktion, Atrophie, bestimmter Hirnareale sprechen, wie zum Beispiel im Hippocampus, im Frontallappen des Gehirns, Hypofrontalität, im ACC (Anterior Cingulate Cortex).

Problematisch ist nur, dass einige dieser Veränderungen nicht nur bei psychotischen (bzw. nicht nur bei Schizophrenie), sondern auch bei anderen Störungen festgestellt wurden. (Diese Unspezifität solcher Veränderungen wird uns noch weiter unten beschäftigen.)

Der eben erwähnte ACC ist eine zentrale Struktur des rostalen, also des vorderen limbischen Systems, die in letzter Zeit im Zentrum des psychiatrischen Interesses steht. Dies hängt mit seiner besonderen Funktion (und den Veränderungen bei der Schizophrenie) zusammen (das wird uns ebenfalls im nächsten Abschnitt beschäftigen). Sowohl In-vivo-Aktivitätsmessungen als auch postmortale Untersuchungen wiesen auf eine Alteration dieser Gehirnstruktur bei schizophrenen Störungen hin (Watz, 2005). Watz hat in ihrer eigenen Untersuchung (strukturelle Kernspintomographie) eine überwiegende rechtshemisphärische Volumenreduktion im ACC, besonders vorne, gefunden. Ebenfalls wurde eine inverse Korrelation von Volumenreduktionen des ACC mit schizophrenen »Positiv-Symptomen«, gemeint ist eine produktive Symptomatik, nachgewiesen. Es wurde des Weiteren eine positive Korrelation zwischen produktiv-psychotischen Symptomen und einem reduzierten Ausmaß des ACC ausschließlich linkshemisphärisch festgestellt.

Die zentrale Bedeutung der Neurotransmitter

Die Entdeckung der Neurotransmitter, also Substanzen, die beim gesunden Gehirn die Funktion und die Kontrolle seiner komplizierten Neuronennetze maßgebend mitbestimmen und kontrollieren, begann schon in den 1950er und 1960er Jahren. Gleichzeitig mehrten sich die Hinweise dafür, dass psychotische Störungen von Veränderungen dieses Transmittersystems begleitet werden beziehungsweise mit ihnen korrelieren. Es ist selbstverständlich, dass daraus viele Hypothesen und Theorien zu der möglichen Beteiligung zerebraler Veränderungen bei den Psychosen entstanden sind. Eine der bekanntesten ist die Dopaminhypothese, die in ihrer klassischen Form in den 1960er Jahren entstanden ist und die auf der Feststellung beruhte, dass bestimme antipsychotisch wirkende Medikamente (die Neuroleptika) antagonistische Eigenschaften bei den Dopaminrezeptoren im Gehirn aufwiesen und dadurch die Dopamin-bedingte Erregung erklären können. Das Blockieren oder zumindest Reduzieren des im akut psychotischen Zustand erhöhten Dopamins in bestimmten zerebralen Arealen ging mit einer deutlichen Reduzierung beziehungsweise klinischen Besserung der schizophrenen »produktiven« Symptomatik einher.

Diese klassische Dopamin-Hypothese musste im weiteren Verlauf allerdings wegen vieler dagegen sprechender Befunde durch eine »revidierte« Dopaminhypothese ersetzt werden. Bei der Schizophrenie liege eine *Imbalance* zwischen kortikalen und subkortikalen Systemen vor »mit einem hyperaktiven *mesolimbischen* Dopaminsystem (verbunden mit produktiven Symptomen) und einem hypoaktiven *mesokortikalen* System (verbunden mit Negativsymptomatik und kognitiven Störungen). Beide Systeme stehen miteinander in Wechselwirkung« (Rädler u. Braus, 2005, S. 148).

In der nächsten Zeit musste auch diese Hypothese aufgrund neuer Überlegungen, aber auch Befunde differenzierter formuliert werden, wobei verschiedene Typen von Rezeptoren dieses Neurotransmitters zu berücksichtigen waren (S. 150ff.). Auf jeden Fall scheint zurzeit diese weiter entwickelte Dopaminhypothese relativ gut belegt zu sein, wobei man aber auch vermuten muss, dass zusätzliche Neurotransmittersysteme bei der Schizophrenie beteiligt sind. »Insbesondere die Modellpsychosen (Auslösen psychotischer Syndrome durch Ketamin oder Phencyclidin) wie auch die Beeinflussung psychotischer Symptome durch NMDA (N-Methyl-D-Aspargat)-Agonisten und -Antagonisten legen eine Rolle des *Glutamats* – des häufigsten *excitatorischen Neurotransmitters* nahe« (S. 151). (Vgl. dagegen den Beitrag von v. Haebler in diesem Band.)

Die Forschung auf diesem Gebiet ist noch sehr im Fluss, einen Eindruck über die Kompliziertheit der notwendig werdenden Fragestellungen gewinnt man in dem Überblicksreferat von Goto und Grace (2007), die übrigens in Bezug auf die *spezifische* Funktion von Dopamin und Dopaminveränderungen etwas zurückhaltender sind.

Ein anderes, seit langem erforschtes und diskutiertes Transmittersystem, diesmal in Bezug auf die neurobiologische Dimension der Depression, ist das Serotoninsystem und die in diesem Zusammenhang gebildete Serotoninhypothese, welche jedoch auch aufgrund neuer Beobachtungen und Feststellungen modifiziert, ergänzt und differenziert werden musste. Auch hier sind es therapeutische Erfolge mit Antidepressiva, die zu einer Erhöhung des zur Verfügung stehenden Serotonins führen, die das Interesse und die Forschungsbemühungen auf diesem Gebiet vor langer Zeit initiierten und jetzt aufrechterhalten. Auch hier taucht die Frage der Spezifität auf, denn Antidepressiva erweisen sich auch bei anderen und nicht nur bei depressiven Störungen von Vorteil. Auf jeden Fall wäre es nach dem heutigen Stand eine unzulässige Versimplifizierung zu behaupten, Depressionen beruht auf einem Serotoninmangel! Interessant ist übrigens die Tatsache, dass auch Dopamin-Agonisten, also Substanzen, die ähnlich wie das psychotische Erregung und produktive Symptomatik intensivierende Dopamin wirken, bei einigen Formen von Depression therapeutisch wirksam zu sein scheinen. Solche Feststellungen von ähnlichen oder identischen neurobiologischen Korrelaten quer durch die psychiatrisch nosologischen Kategorien scheinen nicht selten zu sein.

ACC (Anterior Cingulate Cortex)

Der ACC, eine Hirnstruktur im vorderen Teil des Gyrus cingularis, der zum limbischen System gehört, wird in den letzten Jahren sehr oft und von verschiedenen Seiten in den Vordergrund des Interesses gestellt, weil er offensichtlich Korrelat verschiedener wichtiger psychischer Funktionen ist. Er besteht aus einem rostralen (vorderen) und einem dorsalen Anteil; Ersterer soll für eine affektive, der Letztere eher für die kognitive Verarbeitung zuständig sein (Spitzer, 2007, S. 82).

Zunächst wurde bekannt, dass die Aktivierung dieser Struktur mit der Intensität der Schmerzwahrnehmung korreliert, zudem spielt dieses Areal bei Prozessen der Aufmerksamkeit und des bewussten Erlebens eine wichtige Rolle (S. 83). Für unsere Thematik ist Folgendes jedoch interessanter: Der ACC scheint praktisch immer aktiviert zu werden, wenn man mit uneindeutigen, ungewissen Situationen und konflikthaften oder mehrdeutigen Anforderungen konfrontiert wird (Grawe, 2004, S. 148ff.). Nun stammen diese Ausführungen von Grawe aus einem großen Kapitel seines Buches über neurobiologische Befunde bei der Depression. Er zitiert dabei mehrere Autoren, die bei Depressionen strukturelle und funktionelle Veränderungen des ACC festgestellt haben, und versucht die Depression mit einer Schwächung oder einem Ausfall der oben erwähnten Funktionen des ACC in Verbindung zu bringen.

Bemerkenswert und etwas verwirrend ist nun die Tatsache, dass man auch bei der Schizophrenie zunächst strukturelle Veränderungen des ACC festgestellt hat, wie ich oben schon kurz geschildert habe (Watz, 2005). Dann fand man auch funktionelle Veränderungen. So berichtet Walter (2005, S. 204f.) darüber, dass mehrere Studien eine verminderte Aktivierung gezeigt haben, welche die verminderte Fähigkeit zu Inhibition beziehungsweise Interferenzbewältigung (bei Schizophrenen) erklären könnte. »Andererseits wurde kürzlich aber auch eine verstärkte Aktivierung im ACC und linksfrontal beobachtet, die als *kompensatorisch gedeutet* wurde« (S. 205).

Diese relative Unspezifität neurobiologischer Befunde in Bezug auf nosologische Kategorien und Einordnungen psychischer Störungen muss ernst genommen werden. Man trifft sie übrigens auch auf anderen Ebenen, so zum Beispiel bei genetischen Studien, die vielfach verwandte Genkonstellationen sowohl bei Schizophrenie als auch bei affektiven Störungen vermuten lassen.

Solche Feststellungen sind deswegen eventuell sehr bedeutsam, weil sie auf etwas hinweisen, woran zunächst die deskriptive Psychiatrie nicht gedacht hat und worauf sie nicht vorbereitet war, dass nämlich wahrscheinlich die neurobiologischen Konstellationen nicht zu unseren üblichen nosologischen Kategorien, sondern zu tieferen und umfassenden emotionalen kognitiven Zuständen passen und ihnen entsprechen (vgl. Panksepp, 2006). Immerhin besteht schon jetzt innerhalb der deskriptiven Psychiatrie die Tendenz, vom nosologischen Einordnungssystem Abschied zu nehmen und sich mehr einer dimensionalen Diagnostik zu widmen.

Was mir aber hier wichtig erscheint, ist die Tatsache – und das ist der Grund, warum ich den ACC als Beispiel gewählt habe –, dass es sich hier um eine Beeinträchtigung der Fähigkeit handelt widersprüchliche Informationen und letzten Endes auch *Konflikte zu verarbeiten*. Dass also die beobachteten, strukturellen und funktionellen Veränderungen des ACC das Korrelat entweder für eine verminderte Fähigkeit zum Entscheidungen-Treffen oder wiederum eine Überforderung dieser Funktion sind, und dies bei Störungen, bei denen, vom Psychologischen und Psychoanalytischen her gesehen, schwerwiegende intrapsychische Widersprüchlichkeiten, regelrechte Dilemmata, im Vordergrund stehen. Im Hinblick auf das von uns vorgeschlagene Konzept einer dilemmatischen Struktur der psychotischen Dynamik (Mentzos, 2007) auf dem Hintergrund des Bipolaritätsmodells könnte man die Vermutung äußern, dass es eigentlich nicht verwunderlich ist, wenn sowohl bei Schizophrenien als auch bei Depressionen solche neurobiologischen Korrelate wie die beschriebenen Veränderungen des ACC zu finden sind. Denn bei beiden Störungen spielen offensichtlich gravierende intrapsychische Gegensätzlichkeiten, Konflikte und Dilemmata eine sehr große Rolle. Sollte diese sicher zunächst rein hypothetische und gewagte Hypothese sich durch weitere Befunde und Überlegungen stützen lassen, so wäre man berechtigt, allgemeiner die Frage zu stellen, ob nicht, wenigstens teilweise, neurobiologische Veränderungen bei psychischen Störungen mehr der Besonderheiten der Psychodynamik und weniger der rein deskriptiven nosologischen Einordnung der Störung entsprechen. Es wäre also die Frage, ob nicht eine neurobiologisch inspirierte Taxonomie psychischer Störungen leichter mit einer psychodynamisch orientierten Einordnung in Parallele zu setzen wäre und nicht, wie man es bis heute immer wieder versucht, mit nosologischen Klassifikationen.

Zwischenbemerkung

Die inhaltlichen Interpretationen der Neurobiologen stützen sich fast ausschließlich auf psychologische Beobachtungen und Konzepte. Es wird gelegentlich in der Neurobiologie vergessen, dass die durch die neuen Verfahren gewonnenen Ergebnisse für sich eigentlich noch keine inhaltlichen Aussagen über das Geschehen auf der »anderen«, also der psychischen Seite ermöglichen. Die beobachtbaren quantitativen Variationen der Aktivierung und ihrer Lokalisation an verschiedenen Arealen des Gehirns erhalten erst ihre »psychische« Bedeutung aufgrund der damit korrelierenden Erlebnisse und Berichte der Versuchspersonen oder der Patienten. Dies gilt – das muss ich einschränkend vermerken – zunächst nur für bewusste psychische Inhalte, denn die bildgebenden Verfahren sind offenbar in der

Lage, auch unbewusste Inhalte *indirekt* – indirekt heißt aufgrund von nachfolgenden Reaktionen – zu erschließen.

Dies muss konkreter erläutert werden.

»Ein typisches Beispiel für neue Inhalte, die mit bildgebenden Verfahren untersucht werden, ist die ›unbewusste Wahrnehmung‹. Der Terminus unbewusste Wahrnehmung war noch vor nicht allzu langer Zeit (ca. vor 15 Jahren) für einen Experimentalpsychologen so etwas wie ein Tabuwort. Es gab eigentlich keine unbewusste Wahrnehmung. Einer der typischen und wichtigen Befunde zu diesem Thema wurde 1998 in dem angesehenen Journal of Neuroscience publiziert und beschreibt die Ergebnisse einer fMRI-Arbeit von Paul Whalen (1998). Der Autor konnte nachweisen, dass unbemerkt präsentierte Bilder von ›wutverzerrten‹ Gesichtern zu starken Durchblutungszunahmen im Mandelkern (Amygdala) führten. Dieses Hirngebiet ist eine wichtige Verarbeitungszentrale für emotionale Informationen, insbesondere wenn es sich um starke aktivierende und negative Emotionen, wie Furcht, handelt« (Jäncke, 2007, S. 126).

Hier handelt es sich zwar bei den Reaktionen auf diese »unbewusste Wahrnehmung« nur um Veränderungen des Vegetativums, aber in den schon lange davor gemachten Beobachtungen mit subliminalen Reizen wurde nachgewiesen, dass diese nicht bewusst aufgenommenen »Wahrnehmungen« im nachfolgenden Schlaf und Traum auftauchen, dies haben Schlaflaboruntersuchungen mehrfach gezeigt.

Im Prinzip könnte man also hypothetisch annehmen, dass in der Zukunft bei einer noch viel größeren Verfeinerung der neurobiologischen Methodik man indirekte Informationen bekommen würde, die Rückschlüsse auch über das psychisch Inhaltliche geben könnten. So sind zum Beispiel auch die jetzt beginnenden Versuche zu verstehen, manche durch Psychotherapie zu erzielende Veränderungen (auf der psychischen Ebene) auch neurobiologisch zu begleiten oder zu verfolgen. Es ist also prinzipiell denkbar, dass nicht nur die Neurobiologie weiterführende Fragestellungen durch die Psychologie und Psychoanalyse erhält, sondern dass auch umgekehrt Psychologie und Psychoanalyse durch neurobiologische, insbesondere durch die in bildgebenden Verfahren erhobenen Befunde gefördert werden.

Dies alles bedeutet noch keine endgültige Lösung des Leib-Seele-Problems und keine endgültige Pro- oder Contra-Entscheidung in

Bezug auf einen ontologischen Monismus. Trotz aller Fortschritte bei der Erforschung und Feststellung der biologischen Vorbedingungen des Bewusstseins bleibt jener unverständliche Zustand des subjektiven Bewusstseins rätselhaft. Man könnte fast sagen, unbewusste Vorgänge sind mithilfe der Psychoanalyse, aber auch der modernen Neurobiologie eher zu verstehen als das Bewusstsein selbst! Das erinnert etwas an das Wort von Oscar Wilde in »Das Bildnis des Dorian Gray«: Richtig rätselhaft ist nicht das Unsichtbare, sondern das Sichtbare.

Psychodynamische und neurobiologische Bipolaritäten

Ich komme jetzt noch einmal auf die bemerkenswerten Analogien zwischen neurobiologischen und psychodynamischen Vorgängen zurück. Die neurobiologischen Prozesse haben sich uns in den letzten Jahren besonders durch die bildgebenden Verfahren (aber auch andere, wie genetische und elektrophysiologische Fortschritte) eröffnet; aber auch die psychodynamischen Prozesse sind ebenfalls in den letzten Jahren systematischer gesehen, erfasst und verstanden worden.

Als ich zu Beginn der 1990er Jahre, kurz nach der »Wende«, in der Charité (früher hinter dem Eisernen Vorhang und für uns unerreichbar, heute das größte Krankenhaus Europas), einen Vortrag über die Psychodynamik der Psychosen halten durfte, meldete sich in der Diskussion eine Kollegin, die offensichtlich in einem neurobiologischen Labor arbeitete, und sagte, dass sie meine Beschreibungen und Thesen sehr interessant fand, denn während ich von intrapsychischen Gegensätzlichkeiten, von Dilemmata und dadurch mobilisierte Abwehr- und Kompensationsmechanismen sprach, dachte sie an ihre tägliche Arbeit, an neuronale Systeme, die sich gegenseitig in Regelkreisen beeinflussen, an Calcium-Kanäle, die sich öffnen oder schließen und dadurch Erregungsvorgänge initiieren oder hemmen und so weiter. Irgendwie sei dies alles, meinte sie, ein bisschen ähnlich dem, was ich in Bezug auf psychische Prozesse schilderte.

In den seitdem vergangenen 15 Jahren hat sich vieles geändert beziehungsweise entwickelt, sowohl auf dem einen als auch auf dem anderen Gebiet. In der Neurobiologie ist man dabei – wie ich oben am Beispiel des Dopamins kurz skizziert habe –, die früheren und inzwischen überholten Annahmen über feststehende Defizite, Mangel an bestimmten Neurotransmittern und so weiter zugunsten von dynamischeren Konzepten zu verlassen. Eine gestörte Balance zwischen subkortikalen dopaminergen Erregungen einerseits und präfrontalen und durch den ACC vermittelten Regulationen andererseits erscheinen wahrscheinlicher, wobei es oft auch zu extremen, rigiden, chronischen Zuständen, wie der Hypofrontalität (mit der entsprechenden Minussymptomatik) kommt.

Auch auf anderen Forschungsgebieten zeichnet sich eine Tendenz ab, sich von den alten rigiden Konzepten der psychiatrischen Nosologie zu befreien und sich mehr mit einer dimensionalen Diagnostik zu beschäftigen.

Hier geht es zwar weiterhin noch um eine deskriptive, wenn auch deutlich »gelockerte« Diagnostik. Eindeutig »dynamischer« sind aber die von der Evolutionstheorie inspirierten Konzepte (vgl. die Rezension des Buches von Burns durch Elisabeth Troje in diesem Band), welche nicht von Defekt und Mangel in der genetischen Ausstattung des psychotischen Patienten, sondern vielmehr von teilweise tragischen Verkomplizierungen durch eine *zu große Differenzierung* neuronaler Systeme ausgehen, welche Unvereinbarkeiten und unlösbare Konflikte hervorrufen. Dadurch erhält der biologische Anteil der alten Vulnerabilität eine ganz andere Bedeutung.

Aber auch auf der anderen, der psychodynamischen Ebene und Dimension sind weitere Entwicklungen und Differenzierungen zu verzeichnen. Man sieht jetzt Folgendes klarer: Die ursprüngliche, normale, universelle Bipolarität zwischen selbstbezogenen und objektbezogenen Tendenzen kann innerhalb eines ebenfalls normalen dialektischen Prozesses zu einer Balance führen, deren Entstehung jedoch durch vielfache psychosoziale, aber auch biologisch vorgegebene Faktoren erschwert oder verhindert werden kann. Dies gilt sowohl für die schizophrenen Psychosen, bei denen die Identitätsproblematik im Vordergrund steht, als auch für die affektiven Psychosen (schwere affektive Störungen), bei denen die Selbstwertgefühlproblematik, die narzisstische Homöostase das Zentrale ist (wenn auch sie freilich durch Objektverluste, Über-Ich-Problematik, mangelhafte narzisstische Zufuhr etc. gestört werden kann).

Dies alles ist an anderer Stelle ausführlicher dargestellt (Mentzos, 2007). Für die hiesige Diskussion war es zunächst wichtiger, auf diese bemerkenswerten Analogien in Neurobiologie und Psychodynamik der Psychosen hinzuweisen, deren Berücksichtigung für beide Gebiete fruchtbar sein kann, wenn auch die dahinter stehende philosophische Frage der Kausalität weiterhin offen bleibt – aber für unsere praktischen Zwecke auch offen bleiben darf.

Literatur

Braus, D. (2005) (Hrsg.). Schizophrenie. Bildgebung – Neurobiologie – Pharmakotherapie. Stuttgart: Schattauer.

Burns, K. (2004). An evolutionary theory of Schizophrenia: cortical connectivity metarepresentation and the social brain. Beh. Brain Sci 27: 831-885.

Goto, Y., Grace, A. (2007). The Dopamine system and the pathophysiology of schizophrenia. A basic science perspective. Intern. Review of Neurobiology, Vol. 78: 41-63.

Grawe, K. (2004). Neuropsychotherapie. Göttingen: Hogrefe.

Mentzos, S. (2007). Das Bipolaritätsmodell und die dilemmatische Struktur der Psychodynamik. In Haebler, D. v., Müller, Th., Matejek, N. (Hrsg.), Perspektiven und Ergebnisse der psychoanalytischen Psychosentherapie (S. 10-23). Göttingen: Vandenhoeck & Ruprecht.

Jäncke, L. (2001). Was ist so Besonderes an den Gehirnen von professionellen Musikern? Zeitschrift für Medizinische Psychologie 10: 107-114.

Jäncke, L. (2005). Methoden der Bildgebung in der Psychologie und den kognitiven Neurowissenschaften. Stuttgart: Kohlhammer.

Jäncke, L. (2007). Hirnforschung: Bildgebende Verfahren zur Grenze zwischen Naturwissenschaft und philosophischer Spekulation. Basel: Academic Press Fribourg und Schwabe AG Verlag.

Panksepp, J. (2006). Emotional endophenotypes. In Evolutionary psychiatry. Progress in Neuropsychopharmacolgy and biological psychiatry 30: 774-784.

Rädler, Th., Braus, P. (2005). PET und SPECT. In Braus, D. (Hrsg.), Schizophrenie – Bildgebung, Neurobiologie, Pharmakotherapie (S. 143-162). Stuttgart: Schattauer.

Ross, Ch., Margolis, R., Readin, S., Pletnikov, M. (2006). Neurobiology of schizophrenia neuron. Jg. 52: 139-153.

Schüßler, G. (2004). Neurobiologie und Psychotherapie. Psychosomatische Medizin und Psychotherapie. 50. Jg.: 406-429.

Spitzer, M. (2007). Vom Sinn des Lebens. Wege statt Werke. Stuttgart: Schattauer.

Walter, H. (2005). fMRT Studien zu Kognition und Emotion. In Braus,

D. (Hrsg.), Schizophrenie – Bildgebung, Neurobiologie, Pharmakotherapie (S. 199-214). Stuttgart: Schattauer.

Watz, D. (2005). Die Bedeutung des Anterioren Gyrus Cinguli in der Pathogenese schizophrener Erkrankungen. Eine magnetresonanztomografische in-vivo-Untersuchung zur Quantifizierung hirnstruktureller Veränderungen. Dissertation LMU (Universität München), Medizinische Fakultät (http//edoc.ub.uni-muenchen.de/archive/00004844).

Whalen, P. J., Rauch, S. L., Etcoff, N. L., McInverney, S. C., Lee, M., Jenke, M. A. (1998). Masked presentations of emotional facial expressions modulate amygdala activity without explicit knowledge. The Journal of Neuroscience 18(1): 411-418.

Ulrich Eibach

Neurowissenschaften und religiöses Erleben gesunder und psychotisch erkrankter Menschen

Vorbemerkungen

Kürzlich nahm ich an einer Fortbildungsveranstaltung für Psychiater teil. Ein Referent, der über »Psychiatrie und Religion« sprechen sollte, fiel aus, so dass diese Thematik nicht behandelt wurde. Einer der folgenden Referenten hatte über neue Psychopharmaka zu sprechen. Er bedauerte zu Anfang seines Vortrags den Ausfall der Thematik »Psychiatrie und Religion« und wies dann auf amerikanische und deutsche Untersuchungen zur Einstellung von Ärzten zur Religion hin, nach denen übereinstimmend die Psychiater unter den Ärzten mit deutlichem Abstand die negativste Einstellung zur religiösen Praxis haben. Er meinte, dass dies Anlass zum Nachdenken über die Gründe für die religionskritische Einstellung gebe und dazu, welchen Einfluss diese auf die Behandlung von psychisch kranken Menschen und ihr Vertrauensverhältnis zu Psychiatern habe, denn vielen psychisch kranken Menschen seien religiöse Themen sehr wichtig. Nach einer Studie der Universitätsklinik Genf bei ambulant behandelten Patienten mit einer schizophrenen Psychose waren ein Drittel der Patienten fest in eine religiöse Gemeinschaft eingebunden, eine weiteres Drittel erklärte, regelmäßig außerhalb von religiösen Gemeinschaften ihren eigenen Glauben zu praktizieren (Huguelet u. Moor, 2004). Die Autoren der Studie schlussfolgern daraus, dass Religiosität den schizophren erkrankten Menschen hilft, ihre Krankheit zu bewältigen. Wenn dies in der psychiatrischen Therapie nicht beachtet werde, würden wesentliche heilende Momente ungenutzt bleiben. Das steht im auffallenden Gegensatz zum geringen Interesse der Psychiatrie an religiösem Erleben der Patienten und religiösen Fragen überhaupt. Blendet diese religionskritische Einstellung der Psychiater damit nicht eine wichtige und auch für die Genesung wesentliche Dimension menschlichen Erlebens aus? Im Gegensatz zu Freuds Behauptung, Religionen seien kollektive Neurosen und religiöse Praxis infantil und ein krankmachender Faktor, zeigen gut fundierte amerikanische Studien (Koenig, 1992; Hefti, 2007) und jetzt auch eine noch unveröffentlichte deutsche Studie in Bielefeld-Bethel bei depressiven Menschen, dass praktizierende Christen nicht nur seltener depressiv sind als nicht religiös gebundene Menschen, sondern dass es umgekehrt ist, dass Menschen, die nicht nur nominell einer Kirche zugehören, sondern praktizierende Christen sind, weniger häufig und tief depressiv sind und sich schneller aus einer depressiven Krise erholen als Menschen, denen der Glaube wenig oder nichts bedeutet. Ähnliche Studien fehlen bisher für Menschen, die an Psychosen erkrankt sind. Nach meiner eigenen fast dreißigjährigen Erfahrung in der Seelsorge in einer psychiatrischen Universitätsklinik ist es so, dass für diese Menschen religiöse Aspekte nicht weniger bedeutsam sind als für depressiv erkrankte Menschen, zumal die Inhalte ihrer Psychosen nicht selten einen religiösen Charakter haben (Wiedemann, 1996; Mundhenk, 1999; Clarke, 2001; Buck-Zerchin, 2005).

Neurobiologie: Eine neue Dimension der Religionskritik?

Mit neuen Verfahren funktioneller Bildgebung ist es möglich, physiologische Prozesse im Gehirn abzubilden, auch solche, die bei geistig-seelischen Vorgängen ablaufen (Schleim, 2008). Vor allem in den USA wurden zahlreiche Untersuchungen zur Frage angestellt, wo und wie sich religiöse Erlebnisse im Gehirn darstellen. Im amerikanischen Kontext, in dem die Religion eine große Rolle spielt, haben entsprechende populärwissenschaftliche Veröffentlichungen große Aufmerksamkeit gefunden. In manchen wird die These vertreten, dass die neuen Verfahren der klassischen Religionskritik (L. Feuerbach, S. Freud) eine naturwissenschaftliche Basis geben. Nach ihr ist Religion eine Projektion seelischer Bedürfnisse (z. B. nach Vollkommenheit, Unsterblichkeit, Geborgenheit) an einen »imaginären Himmel«. An die Stelle der Seele tritt nun in der neurophysiologisch begründeten Religionskritik das Gehirn als »Produzent« religiöser Erlebnisse und Vorstellungen. Das Gehirn soll – wie einige Soziobiologen (z. B. Dawkins, 1978) und Genetiker (z. B. Avise, 2001; Hamer, 2004) behaupten – durch die Gene so gesteuert sein, dass auch alle seelisch-geistigen Vorgänge den durch die Gene vorgegebenen biologischen Zielen dienen, also auf sie rückgekoppelt sein müssen

(Eibach, 2006). Religiöse Vorstellungen seien dementsprechend nur genetisch bedingte »Hirnprodukte«, die sich im Laufe der Evolution herausgebildet hätten, weil der Glaube an »metaphysische Mächte« früher geeignet gewesen sei, gesellschaftliche Mächte und Ordnungen vor allem durch die Androhungen von Strafen seitens dieser »metaphysischen« Mächte zu sanktionieren, um so besser das biologische Überleben einer Gemeinschaft beziehungsweise nur ihrer Gene zu sichern. Insofern habe zum Beispiel der Glaube an »Gott« im vorwissenschaftlichen Zeitalter einen Evolutionsvorteil gebracht, der aber im aufgeklärten wissenschaftlichen Zeitalter nicht mehr bestehe, so dass die »Gottes-Illusion« (Dawkins, 2007) – nach dieser rein funktionalen Betrachtung der Religion – heute überholt, nutzlos, wenn nicht gar individuell wie gesellschaftlich kontraproduktiv sei. Dass es eine geistige Dimension des menschlichen Lebens gibt, die nicht in biologischen Nutzenfunktionen aufgeht, sondern eine eigenständige Bedeutung hat, und dass diese auch wiederum auf Hirnfunktionen rückgekoppelt ist und auf sie verändernd wirken kann, wird aufgrund monistisch-materialistischer weltanschaulicher Vorgaben bestritten.

Die grundlegenden Fragestellungen sind gegenüber der stark vom Materialismus des 19. Jahrhunderts beeinflussten Religionskritik nicht neu. Neu sind nur die Methoden, mit denen man diese Fragen angeht, und die geben sich den Anstrich naturwissenschaftlicher Exaktheit. Religiöses Erleben wird als reines »Hirnprodukt« hingestellt, dem keine »Wirklichkeit« außerhalb des Gehirns und des Bewusstseins entspreche. Dabei vergisst man meist, dass Entsprechendes für alle seelisch-geistigen Vorgänge gelten muss, etwa für personale Phänomene wie die Liebe, für ästhetisches Erleben und nicht zuletzt auch die Vorstellung, ein »Ich« (Selbst) zu sein, das fühlt, denkt, will, entscheidet und entsprechend handelt. Dies alles sind dann vom Gehirn erzeugte Illusionen. Die Ausgangsbasis derartiger Deutungen ist ein mehr oder weniger stark ausgeprägter ontologisch-physikalischer Reduktionismus. Auf dieser weltanschaulichen Grundlage werden alle seelisch-geistigen Vorgänge als Hervorbringungen, wenigstens aber als Epiphänomene physiologischer Vorgänge betrachtet, so dass sie auf ihrer Basis sollen hinreichend erklärt und verstanden werden können (Eibach, 2006).

Auffallend ist, dass in den deutschen Medien vor allem die religionskritische Deutung der neurophysiologischen Erkenntnisse aufgegriffen wird. Dies entspricht nicht der amerikanischen Diskussion.

Sie wurde insbesondere durch ein Buch des Neuroradiologen und Religionswissenschaftlers A. Newberg, des Psychiaters E. D'Aquili und des Journalisten V. Rause belebt. Der amerikanische Titel lautet: »Why God Won't Go Away. Brain Science and Biology of Belief« (2001). Die deutsche Übersetzung trägt den Titel: »Der gedachte Gott. Wie Glaube im Gehirn entsteht« (2003), der Klappentext die Überschrift: »Sitzt Gott im rechten Schläfenlappen?«. Damit wird suggeriert, die Autoren wollten religiöses Erleben auf Prozesse im Gehirn reduzieren, so dass sie nichts anderes als im Gehirn aufgrund irgendwelcher seelischer Bedürfnisse oder physischer Stimulationen erzeugte Illusionen seien. Das ist das Gegenteil dessen, was die Autoren intendieren. Sie vertreten nämlich zentral die These: Wenn sich im Gehirn Strukturen aufzeigen lassen, in denen sich religiöse Erlebnisse physiologisch widerspiegeln, dann ist es wahrscheinlich, dass das Gehirn offen, gleichsam ein »Empfänger« ist für »religiös-transzendente Wirklichkeiten« außerhalb des Gehirns. Der Mensch sei mit seinen Hirnfunktionen nicht nur – wie es viele Soziobiologen behaupten – auf das Überleben in dieser irdischen Welt ausgerichtet, dem auch alle kulturellen Errungenschaften einschließlich der Religion dienen müssen, sondern die Biologie des Gehirns sei offen für eine »transzendente Wirklichkeit«, die es außerhalb des Gehirns wahrscheinlich auch geben müsse.

Die These stellt nicht nur eine provokante Infragestellung der naturalistisch- reduktionistischen Sicht der Wirklichkeit dar. Die Autoren vertreten einen erkenntnistheoretischen pragmatischen »Realismus«, der die Wirklichkeit dieser Welt nicht auf die empirisch beschreibbaren Dimensionen beschränkt, ja sogar eine »Wahrnehmung" dieser transempirischen Seite der Wirklichkeit für möglich hält. Sie rütteln damit an die von Kant begründete Erkenntniskritik, die insbesondere die deutschen Wissenschaften unwidersprochen wie ein Dogma bestimmt, dass nämlich unser Erkenntnisvermögen die Grenzen von Raum und Zeit und der sinnlichen Wahrnehmung nicht überschreiten, es daher keine Erfahrung und Erkenntnis »transzendenter« Wirklichkeiten geben kann, dass angebliche derartige Erfahrungen nichts anderes als Projektionen des Gehirns an den »Himmel« sind, »Gott nur in unseren Köpfen existiert«, dass sich Gott aber auf jeden Fall nicht in der Welt sinnlicher Erscheinungen »erfahren« lasse, es also auch keinen »natürlichen Gottesbeweis« geben kann. Die Autoren behaupten zwar nicht, dass ihre Forschungen zu neurophysiologischen Korrelaten von religiösen Erlebnissen ein

»empirischer« Beweis für die Existenz einer religiös-transzendenten Wirklichkeit oder gar ein empirischer Gottesbeweis seien. Sie bestreiten nicht, dass der »Geist« nicht ohne die Gehirnfunktionen sein kann, aber doch, dass er mit den Hirnfunktionen identisch ist, gehen also davon aus, dass es eine seinsmäßig eigenständige geistige Wirklichkeit gibt und – mit K. Popper und J. Eccles (1982) – dass diese Wirklichkeit auch auf das materielle Sein Einfluss nehmen und sich in ihm kundtun kann, dass also geistiges Erleben keineswegs nur ein Produkt materieller Hirnprozesse ist, dass diese vielmehr nur die Bedingung der Möglichkeit des in Erscheinung Tretens der geistigen Wirklichkeit in dieser sinnlich erfahrbaren Welt sind, also keinesfalls erst vom Gehirn erzeugte Illusionen seien. Die »Biologie« des menschlichen Gehirns sei also offen für die Wahrnehmung dieser transzendenten Wirklichkeit. Wenn das Gehirn gleichsam ein »Empfangsorgan« für sie ist, dann sei es die wahrscheinlichste Erklärung für diese Offenheit, dass es diese Wirklichkeit auch außerhalb des Gehirns gibt, denn sonst hätte sich diese Fähigkeit in der Evolution nicht entwickeln müssen und können. Das Gehirn habe gleichsam Antennen für diese Wirklichkeit. Sie behaupten, dass sich »gesundes« religiöses Erleben nicht nur auf der inhaltlichen, sondern auch auf der neurophysiologischen Ebene eindeutig von psychopathologischem Erleben abgrenzen lasse.

Andere Neurophysiologen deuten ihre Forschungen ganz im Sinne der klassischen Religionskritik. Religiöses Erleben sei eine »Illusion«, die das Gehirn aufgrund mehr oder weniger pathologischer Vorgänge erzeuge und die auch durch chemische Mittel (Drogen u. a.), elektromagnetische Stimulationen und besondere Bewegungen, Atem- und Entspannungstechniken und anderes hervorgerufen werden können. Dies sei ein Beweis dafür, dass das religiöse Erleben ein Produkt biologischer Vorgänge sei, dem keine Wirklichkeit außerhalb des Gehirns und des Bewusstseins entspreche. So will der kanadische Neuropsychologe M. A. Persinger (1999) durch elektromagnetische Stimulationen im rechten Schläfenlappen religiöse Erlebnisse erzeugt haben. Bei seiner Deutung dieser Experimente geht Persinger davon aus, dass Gottesvorstellungen ein Introjekt der frühkindlichen Erfahrungen mit der Mutter seien. Unter dieser Voraussetzung verwundert es nicht, dass er seine Experimente ganz im Sinne der klassischen Religionskritik deutet, nach der alle Inhalte religiöser Erlebnisse Illusionen sind, die das Gehirn aufgrund mehr oder weniger pathophysiologischer Vorgänge (z. B. bei epileptischen

Anfällen und Psychosen) hervorbringe und die auch künstlich erzeugt werden können, denen daher keine Wirklichkeit außerhalb des Gehirns entspreche. Es könne allenfalls gefragt werden, welche psychischen und sozialen Funktionen diese religiösen Vorstellungen im Leben erfüllen, ob sie und – wenn ja – welchen »Nutzwert« sie für das Leben der Menschen haben. Die Frage, ob man mit diesem von außen an das religiöse Erleben herangetragenen biologistisch-funktionalen Verständnis das »Eigentliche« der Religionen nicht verfehlt, wird nicht einmal gestellt. Was würde zum Beispiel ein orthodoxer Jude, der vor der Klagemauer betet, sagen, wenn man ihm unterstellt, dass seine religiöse Praxis nur dazu diene, den Bestand seiner sozialen Gruppe und das Überleben ihrer Gene zu gewährleisten, ohne dass man mit ihm darüber spricht, was er bei seiner religiösen Praxis erlebt und welche Deutung er ihr gibt?

Der gekennzeichnete, von außen an die religiöse Praxis herangetragene biologistische Deutungsansatz ist einem physikalisch-ontologischen Reduktionismus verpflichtet, der geistige Vorgänge hinlänglich durch rein biologisch bestimmte Ziele und physische Gegebenheiten für erklärbar hält oder gar behauptet, dass sie »nichts anderes als« Hervorbringungen materieller Prozesse seien. Aber schon allein die Tatsache, dass bei Persingers Versuchen die einen Probanden »Gottes- und Christuserlebnisse« hatten und andere beispielsweise »Außerirdische auf Ufos« wahrgenommen haben, zeigt an, dass die Erlebnisse offensichtlich von Inhalten bestimmt sind, die im Gehirn, im Gedächtnis schon in etwa gespeichert sind, die also kulturell vermittelt sind. Sie können keine Erzeugnisse bloß aufgrund von Stimulationen des Gehirns sein. Würde man solche Stimulationen an Gehirnen vornehmen, die leer sind, in denen keine Inhalte gespeichert sind, so könnten durch sie wahrscheinlich überhaupt keine religiösen Erlebnisse erzeugt werden, wenigstens keine, deren Inhalt in sinnvoller Weise gedeutet werden kann. Daher sagt allein die Tatsache, dass religiöse Erlebnisse sich auch künstlich induzieren lassen, nichts über die Wirklichkeit der Inhalte des Erlebten aus. Persinger unterliegt der irrigen Annahme, dass, wenn man weiß, wie man seelisch-geistige und damit auch religiöse Erlebnisse auslösen kann, man zugleich eine wissenschaftliche Erklärung dieser Phänomene gegeben habe. Das ist ebenso ein Irrtum, wie die Behauptung, man wisse aufgrund des Ausfalls bestimmter Eigenschaften und Fähigkeiten infolge von Schädigungen des Gehirns, wie diese Fähigkeiten entstanden seien und dass sie mit diesen ausgefallenen Hirnstrukturen identisch seien.

Aus den bisherigen Ausführungen folgt die These: Nicht die empirischen Beobachtungen der Neurophysiologie sind umstritten, sondern die Deutungen, die die Beobachter selbst und nicht zuletzt die Öffentlichkeit diesen geben. Die Deutungen hängen eindeutig primär von weltanschaulichen Voraussetzungen ab, die sich nicht aus den Beobachtungen selbst ergeben. Je nach weltanschaulichen Voraussetzungen werden sie mehr oder weniger religionskritisch oder die Religionen unterstützend gedeutet. Ob sich in den neurophysiologisch nachweisbaren Vorgängen bei religiösen Erlebnissen eine eigenständige geistige und religiöse Wirklichkeit kundtut und welcher Art sie ist, darüber kann aufgrund neurophysiologischer Beobachtungen allein keine Aussage gemacht werden.

Religion und Neurophysiologie

Geist und Materie: Wer bestimmt wen?

Die abendländische Tradition ist bestimmt durch die Vorstellung, dass der Geist den seinsmäßigen Primat gegenüber der Materie hat, die Geistseele den Körper »informiert« und lenkt. Diese Grundannahme wurde erst durch den Materialismus des 19. Jahrhunderts in Frage gestellt. Danach kommt der materiellen Wirklichkeit immer der seinsmäßige Primat vor dem geistigen Sein zu. Alle geistig kulturellen Phänomene seien lediglich Epiphänomene materieller Prozesse, seien ganz den Gesetzmäßigkeiten der Materie unterworfen, ihnen gegenüber also letztlich ohnmächtig. Sie haben demnach letztlich kein eigenständiges Sein. Das besagt zum Beispiel, dass es keine Beeinflussung und erst recht keine Steuerung materiellen Seins durch geistiges Sein (»Top-down-Vorgänge«) geben kann. Die Vorstellung, der Mensch sei ein frei entscheidendes und handelndes Wesen, ist demnach eine Illusion, und nicht nur das, sondern auch die Vorstellung von einem »Ich« überhaupt, das wahrnimmt, fühlt, denkt, entscheidet, handelt, denn auf ein solches Ich stößt man bei den empirischen Beobachtungen nicht, sondern nur auf hirnphysiologische Vorgänge. Nicht das Ich hat ein Gehirn – wie K. Popper und J. Eccles (1982) es noch darstellten –, sondern das Gehirn erzeugt die Illusion von einem Ich. Dies besagt natürlich erst recht, dass die

Inhalte subjektiven Erlebens letztendlich wissenschaftlich irrelevant sind, dass ihnen keine Wirklichkeit entspricht.

Vielleicht wird mancher, der die religionskritische Deutung der neuen neurophysiologischen Erkenntnisse zustimmend aufnimmt, nachdenklich werden, wenn er bedenkt, dass er damit zugleich akzeptieren muss, dass es ihn als wahrnehmendes, fühlendes, denkendes, entscheidendes und handelndes Subjekt (bzw. Ich, Selbst) überhaupt nicht gibt, dass sein »Ich-Bewusstsein« nichts anderes als ein illusionäres Produkt seines Gehirns ist (Roth, 2003; Metzinger, 2006). Eine Beschränkung der reduktionistischen Deutung seelisch-geistiger Phänomene als bloß neurophysiologische Vorgänge auf religiöses Erleben ist nicht möglich. Daher steht mit der ontologisch-reduktionistischen Deutung der neuen neurowissenschaftlichen Forschungen nicht nur unser Gottesbild und die Religion, sondern auch unser bisheriges Menschenbild überhaupt zur Diskussion (Habermas, 2005; Eibach, 2006; Lüke, Meisinger u. Souvignier, 2007; Honnefelder u. Schmidt, 2007). Hier geht es letztlich um die alles entscheidende Frage, ob es eine geistige Wirklichkeit gibt, die gegenüber der materiellen Wirklichkeit eine seinsmäßige Eigenständigkeit hat, die ihr ontologisch vorausgeht, die sie beeinflussen kann, ja ohne die materielles Dasein überhaupt nicht sein kann. Von dieser ontologischen Frage ist die nicht mit ihr zu verwechselnde erkenntnistheoretische Frage zu unterscheiden, also die, wie diese geistige Wirklichkeit in Erscheinung treten, also wahrgenommen werden kann. Wenn wir davon ausgehen, dass geistiges Sein sich nur an und in körperlichem Dasein und durch es zeigen kann, so ist es selbstverständlich, dass auch religiöse Erlebnisse einer »transzendenten Wirklichkeit« nur im Medium körperlicher Erfahrungen in Erscheinung treten können, ohne dass sie ontologisch gesehen allein von den physiologischen Prozessen her bedingt sind und aus ihnen allein verständlich werden oder gar mit ihnen identisch sind, also auf sie reduziert werden können.

Religiöses Erleben und Neurophysiologie

Religiöse Erlebnisse sind notwendig *subjektive* Erlebnisse, die für das erlebende Subjekt den Charakter der unmittelbaren Evidenz haben können. Alles subjektive Erleben bedarf aber der Deutung auf dem Hintergrund der im Gedächtnis, also dem Gehirn gespeicherten Erfahrungen, wenn es in sinnvoller Weise in die Biographie eingeordnet und so in seiner Bedeutung verstanden werden soll. Erst durch eine solche Deutung wird aus einem subjektiven *Erlebnis* eine *Erfahrung*, ein verstandenes Erleben. Singuläre Erlebnisse, die nicht auf dem Hintergrund von im Gedächtnis gespeicherten Lebenserfahrungen gedeutet werden können, können mit nicht passenden Gedächtnisinhalten verbunden und damit »falsch« verarbeitet werden oder müssen – insbesondere wenn sie traumatischer Art sind – aus dem Bewusstsein verdrängt werden. Erst gedeutete Erlebnisse sind verstanden und können als *Erfahrungen* auch sprachlich an andere mitgeteilt werden. Dies gilt selbstverständlich auch für religiöse Erlebnisse.

Die Bedeutung eines religiösen wie eines jeden anderen Erlebnisses ergibt sich also nie allein aus dem Erlebnis selbst, sondern aus der gesamten Lebenserfahrung. Verdeutlichen wir uns das nochmals an den elektromagnetischen Stimulationen des Gehirns, die Persinger (1999) durchführte. Er konnte auf diese Weise bei Menschen religiöse Erlebnisse induzieren. Persinger schloss daraus, dass alle religiösen Erlebnisse »Hirnprodukte« mehr oder weniger pathologischer Art seien. Aber allein die Tatsache, dass einige seiner Probanden Gottes- und Christusvisionen, andere aber zum Beispiel die Vision von »Außerirdischen auf Ufos« hatten, zeigt an, dass bei gleicher Stimulation grundsätzlich inhaltlich Verschiedenes erlebt werden kann. Dass beide Deutungen auf das Gleiche hinauslaufen, kann man allenfalls behaupten, wenn man nur auf das subjektive religiöse Erlebnis abstellt und, gänzlich von den Inhalten des Erlebten abstrahiert, seinen Inhalt und seine Deutung mehr oder weniger für belanglos hält. Nur dann könnte man die inhaltliche Unvereinbarkeit zwischen dem Erleben von »Außerirdischen auf Ufos« und »Gotteserlebnissen« negieren. Entscheidend für die Deutung des Erlebten ist also das, was im Gedächtnis bereits als Inhalt gespeichert ist. In dessen Kontext wird das Erlebnis gedeutet und ihm eine Bedeutung verliehen, die im Rahmen der Biographie und des kulturellen Lebenshorizonts sinnvoll erscheint. Dies belegt auch ein weiteres Experiment (Azari et al., 2001). Neuropsychologen haben Menschen den 23. Psalm (»Der Herr ist mein Hirte …«) rezitieren lassen. Bei religiösen Menschen, denen der Psalm sehr vertraut war und emotional viel bedeutete, waren beim wiederholten Rezitieren des Psalms die vorderen und oberen Bereiche der Großhirnrinde, also des präfrontalen Cortex, und auch das »emotionale Gedächtnis« (»limbische System«) viel mehr stimuliert als bei Agnostikern und Atheisten, denen der Psalm persönlich nichts bedeutete, durch den deshalb auch keine Erinnerungen und mit ihnen verbundene Gefühle ausgelöst wurden.

Die Beispiele machen deutlich, dass sich die Bedeutungen und damit die Inhalte des subjektiven Erlebens nicht aus den neurophysiologischen Beobachtungen und Daten direkt ableiten lassen, dass die Bedeutungen vielmehr eine ihnen gegenüber kategorial verschiedene Ebene darstellen. Das subjektive Erleben und seine Bedeutung für den betroffenen und andere Menschen lassen sich nicht direkt aus einer physikalisch vermittelten Informationen ableiten, nicht an einem neurophysiologischen Geschehen empirisch durch einen Außenstehenden beobachten, denn der Informationsgehalt und damit die Bedeutung eines neurophysiologisch beobachtbaren Geschehens ist nicht mit dem Träger der Information, der Biochemie und Elektrophysiologie, identisch. Allenfalls kann man von der Stärke der Stimulation bestimmter Hirnareale darauf schließen, wie stark ein Mensch durch ein religiöses Erleben innerlich bewegt ist. Aber der Inhalt subjektiven Erlebens und seine Bedeutung lassen sich nicht aus einem solchen Erregungszustand oder auch Zustand der fehlenden Erregung erschließen, nicht von außen durch einen Beobachter (dritte Person) ermitteln, sondern nur dadurch, dass das erlebende Subjekt (erste Person) seine Erlebnisse zu deuten, zu verstehen vermag und sie daraufhin anderen Menschen mitteilen kann und in dieser Mitteilung zugleich Aussagen über die Bedeutung des Erlebten für es selbst und für andere macht. Nicht einmal von dem von einem Beobachter (dritte Person) beschreibbaren Verhalten einer Person her kann man mit Sicherheit auf deren subjektives Erleben schließen. In der Regel bedarf es dazu der Einfühlung in das andere Subjekt, vor allem aber der Kommunikation mit ihm, also der Mitteilung des erlebenden Subjekts darüber, welches subjektive Erleben hinter seinem Verhalten steht und was dieses Erleben für es bedeutet. Es bedarf dazu also in der Regel der Sprache. Die durch Sprache vermittelte Bedeutung des Erlebten (Semantik) ergibt sich nicht aus der Neurophysiologie, auch wenn die Semantik nicht ohne sie sein kann, auf sie als ihren Träger angewiesen ist. Stellen wir uns einen tauben Neurowissenschaftler vor, der alles über die Biologie und die Physik des Hörens von Musik weiß, die Musik aber nicht hören kann. Wenn er eines Tages Musik hören könnte und man ihn dann fragen würde, was sein naturwissenschaftliches Wissen zum

Erlebnis von Musik und einem Verstehen von Musik beträgt, so würde er wohl antworten: Sehr wenig oder nichts!

Religiöse Erlebnisse ohne geistige Verarbeitung, ohne Verstehen sind »blind«. Sie bedürfen der Deutung durch das erlebende Subjekt. Um sie sinnvoll deuten zu können, muss das Deutungssystem den Erlebnissen entsprechen und muss das Subjekt sie auf dem Hintergrund der gespeicherten Erfahrungen und des Erlernten, also seiner eine Identität vermittelnden Biographie (»autobiographisches Selbst«) und damit auch einem das Individuum und sein Erleben übergreifenden kulturellen Kontext deuten und verstehen können.

Religiöse Erlebnisse bringen also allein noch keinen religiösen Inhalt hervor, geben auch keine Kriterien an die Hand, nach denen sie in ihrer heilsamen und dem Leben dienenden Wahrheit überprüft werden können. Und erst recht stiften sie, als rein subjektive Erlebnisse, keine religiöse Gemeinschaft. Dies ist erst dadurch möglich, dass sie an andere sprachlich mitgeteilt und von ihnen verstanden und grundsätzlich auch für sich selbst als bedeutsam erkannt werden. Dazu ist es nötig, dass die emotionale Seite eines (religiösen) Erlebens in eine Verbindung gebracht wird zu Kognitionen und Gedächtnisinhalten, die ihnen entsprechen und eine adäquate Bedeutung für das erlebende Subjekt zu geben vermögen. Nur wenn das Erlebnis derart gedeutet und verstanden wird, kann es sprachlich an andere vermittelt werden. Und erst die sprachlich vermittelbare Bedeutung stiftet Beziehungen, Gemeinschaft zwischen Menschen und Menschen, die wenigstens für die christliche Religion konstitutiv sind. Insofern bedarf jede Religion auch der Lehre, um religiöse Erlebnisse daraufhin zu prüfen, ob sie mit den religiösen Erfahrungen anderer Menschen der Glaubensgemeinschaft übereinstimmen (Eibach, 2006). Damit ist die Offenheit für neue und besondere religiöse Erfahrungen nicht ausgeschlossen. Aber die Bedeutung der religiösen Erlebnisse ergibt sich nicht aus neurophysiologischen Beobachtungen, sondern nur aus der Deutung der Erlebnisse durch ein Subjekt, das dazu immer auch auf ein übergreifendes und sprachlich und kulturell vermitteltes Deutungssystem zurückgreifen muss, in dem auch die religiösen Erfahrungen anderer Menschen der Glaubensgemeinschaft aufgenommen und verarbeitet sind. Religion in diesem Sinne ist also mehr als subjektive religiöse Erlebnisse Einzelner. Die »Wahrheit« einer Religion lässt sich nicht ohne subjektive religiöse Erlebnisse und darauf gründende Gewissheiten begründen, aber sicher auch nicht auf ihnen allein. Die Wahrheitsfindung ist immer auf eine sprachlich vermittelte Tradition und die ihr entsprechenden religiösen Erfahrungen der Gemeinschaft der Glaubenden bezogen. Die Erkenntnisse über die neurophysiologischen Korrelate religiösen Erlebens können zwar einen Beitrag dazu leisten, eindeutig pathologische Formen religiösen Erlebens festzustellen, können aber zur Wahrheitsfrage, vor allem zur Frage, ob dem religiösen Erleben und seinen Inhalten eine Wirklichkeit außerhalb des Bewusstseins entspricht, keinen entscheidenden Beitrag leisten.

Zur Bedeutung neurophysiologischer Erkenntnisse für das Verstehen religiösen Erlebens

Aus den bisherigen Darlegungen ist nicht ersichtlich, ob die neuen neurophysiologischen Methoden und Erkenntnisse überhaupt eine wesentliche Bedeutung für die Beurteilung religiösen Erlebens haben und welcher Art diese Bedeutung ist, ob sie sich in ihrer religionskritischen Deutung erschöpfen oder ob sie auch eine hilfreiche Funktion für das Verstehen religiösen Erlebens und religiös begründeten Handelns haben.

Die Darstellung neurophysiologischer Prozesse mittels der neuen bildgebenden Verfahren gibt uns nicht nur Auskunft, welche verschiedenen Regionen des Gehirns bei unterschiedlichen Formen religiösen Erlebens beteiligt sind, sondern auch über die Intensität und Tiefe religiösen Erlebens, die mit unterschiedlich starken Hirnaktivitäten zusammenhängen können, aber nicht müssen (Linke, 2003). Die neuen Erkenntnisse machen vor allem auf die Bedeutung der Gefühle für unser ganzes Leben, nicht zuletzt für das Lernen überhaupt und auch die religiöse Praxis aufmerksam (Damasio, 2000). Die Intensität und Prägekraft religiösen wie jeden anderen Erlebens hängt stark von der Besetzung der Erlebnisse mit Gefühlen ab. Daran sind vor allem außerhalb der Großhirnrinde liegende ältere Regionen des Gehirns einschließlich des Hirnstamms, der Thalamus, der Hypothalamus und vor allem das limbische System (limbischer Cortex, Mandelkern) beteiligt, die die Sinneswahrnehmungen und die Prozesse des vegetativen Nervensystems und damit die des ganzen Körpers aufnehmen, mit Gefühlen besetzen, diese verarbeiten, kontrollieren und mit den Strukturen der Großhirnrinde vernetzen. Man hat das limbische System wegen dieser Bedeutung für das Gefühlsleben auch als »emotionales Gehirn« und

– wegen der Bedeutung der Gefühle für religiöses Erleben – auch als »Sender zu Gott« (Joseph, 2000) bezeichnet. Dieses sogenannte emotionale Gehirn ist mit vielen Bereichen des Großhirns verbunden und erhält von ihnen Rückkopplungen, nicht zuletzt kognitive Informationen, die es wiederum speichert und die daraufhin die Verarbeitung von Sinneseindrücken und Emotionen beeinflussen. Unbewusstes kann also Bewusstes verändern und umgekehrt. Geistige Vorgänge sind zwar an das Funktionieren neuronaler Netzwerke im Gehirn gebunden, können ohne sie nicht sein, sie beeinflussen aber wiederum auch das Gehirn, selbst feinanatomisch. Entscheidend ist aber, dass Emotionen und emotionale Erlebnisse, wenn sie in die Lebensgeschichte sinnvoll eingeordnet und so lebensdienlich werden sollen, der Bewertung und Deutung durch im Gedächtnis gespeicherte und zu ihnen passende Erfahrungen und damit auch durch Kognitionen bedürfen. Andererseits müssen Kognitionen, wenn sie lebensprägend werden sollen, auch auf das »emotionale Gehirn« rückgekoppelt und dort mit Emotionen besetzt und emotional bewertet werden. Nur dann hinterlassen sie bleibende und vor allem lebensbestimmende Spuren im Gehirn. Emotionen und Kognitionen gehören also zusammen und müssen zueinander passen. Wenn diese Verbindung beeinträchtigt ist, kommt es zu mehr oder weniger großen Beeinträchtigungen des Lebens.

Menschliches Denken, Lernen und Handeln ist also, insbesondere hinsichtlich seiner Motivationen und Ziele, entscheidend durch die Gefühle bestimmt. Emotional bestimmte Erlebnisse bedürfen aber des Verstehens, der Einordnung in die Biographie und in einen kulturellen Kontext des Verstehens, insbesondere wenn sie an andere sprachlich vermittelt werden sollen. Diese Verarbeitung und Deutung von mit religiösen Gefühlen besetzten Erlebnissen vollzieht sich vor allem aufgrund der im Hippocampus und in der Großhirnrinde gespeicherten Gedächtnisinhalte. Insofern bedarf eine Religion nicht nur der Leistungen des emotionalen Gehirns, sondern auch der Großhirnrinde und der von ihr ermöglichten bewussten und kognitiven Fähigkeiten. Aber nicht nur im religiösen Bereich, sondern im ganzen Lebensvollzug sind Vernunft und Gefühl aufeinander angewiesen. Ohne Gefühl ist das Leben »tot« und ohne Geist und Vernunft ist das Gefühl »blind«.

Sicher ist eine Konzentration auf das subjektive religiöse Erleben, auf das religiöse Subjekt mit seinen Gefühlen nicht ohne Probleme. Gefühle, sicher aber auch der Verstand beziehungsweise das Denken, können irren und sind in vielfältiger Weise manipulierbar. Diese Ambivalenz darf aber nicht zu der Behauptung führen, dass eine Gewissheit im religiösen Glauben überhaupt nicht mit Gefühlen im Zusammenhang stehe. Auch religiöse Erlebnisse und Vorstellungen verdanken ihre subjektive Evidenz stark der emotionalen Besetzung. Ohne sie gerät der Glaube schnell zu einem bloß kognitiven Akt, zu einem Für-wahr-Halten von Glaubenssätzen oder zum moralischen Appell, zur »leeren« Begriffssprache ohne Erfahrungsinhalt. Auch dem gläubigen Menschen, der zum Beipsiel durch eine Depression von seinen Gefühlen abgeschnitten ist, kann die Erfahrung des »lebendigen Gottes« zum bloß abstrakten Begriff zerrinnen, so dass Gott als »abwesend« oder gar als tot erscheint, seine heilsame Nähe also nicht mehr erlebt wird (vgl. z. B. Psalm 42; 77) (Eibach, 1992, 2007).

Außergewöhnliche religiöse Erlebnisse und ihre Abgrenzung von psychopathologisch bedingten religiösen Erfahrungen

Jede Religion sollte für die Erfahrung von Neuem offen sein und daher auch neuartige und außergewöhnliche Erlebnisse daraufhin prüfen, ob in ihnen nicht auch eine für andere Menschen und eine Glaubensgemeinschaft insgesamt bedeutsame religiöse Erfahrung sich kundtut. In allen Religionen kennt man solche, meist mit nicht »normalen« Bewusstseinszuständen verbundenen außergewöhnlichen Erfahrungen einer der sinnlichen Alltagserfahrung meist verschlossenen und daher »transzendenten« Wirklichkeit. Vorausgesetzt wird dabei, dass Menschen für derartige religiöse Erfahrungen offen sind oder geöffnet werden können. Solche Widerfahrnisse können unter außergewöhnlichen Lebensumständen (z. B. Nahtoderlebnisse; Bieneck et al., 2006), aber auch im alltäglichen Leben auftreten. Sie können von veränderten Bewusstseinszuständen begleitet sein (Grof et al., 2003). Derartig intensiven religiösen Erfahrungen entsprechen in der Regel auch außergewöhnliche, von der Verarbeitung der normalen Alltagserfahrung abweichende neurophysiologische Zustände. Solche Zustände können den Menschen ungeplant und unvorhersehbar überkommen, können allerdings auch mehr oder weniger bewusst erzeugt werden, etwa durch Psycho- und Körpertechniken (Entspannungstechniken, Atemtechniken, langsames Schreiten, Meditation, Musik, Tanz bis zur Ekstase usw.) und auch durch chemische Mittel (Rauschmittel, Drogen) oder elektrophysiologische Stimulationen. Daher ist es verständlich, dass man gerade gegenüber solchen, eine transzendente Wirklichkeit erschließenden Erlebnissen den Verdacht äußert, es handele sich um reine »Hirnprodukte«.

Dagegen, dass solche Zustände unvorhersehbar eintreten, kann der Mensch nichts tun. Wie die christliche Frömmigkeitsgeschichte zeigt, haben Christen immer auch körperliche und andere Übungen angewendet, durch die der Mensch zur inneren Ruhe finden und sich so für das Wirken des Heiligen Geistes an und in ihm öffnen will (Formen der Meditation, Schweigen, anhaltendes Gebet, stetiges Wiederholen von Bibeltexten, bestimmte Formen des Singens und Tanzens, des langsamen Schreitens u. a.), ohne damit die Absicht zu verfolgen, außerordentliche religiöse Erlebnisse auf diese Weise bewusst herbeizuführen. Das entspricht der Erkenntnis der Neurowissenschaften, dass es nicht ein isoliertes Gehirn, sondern der Mensch als leiblich-seelische Ganzheit ist, der wahrnimmt, fühlt, denkt, handelt, so dass der Körper dabei notwendig immer eine entscheidende Rolle spielt (Damasio, 1997, 2000). Daher kann durch Methoden, durch die körperliche Zustände verändert werden, insbesondere in einer nicht alltäglichen Weise, auch das Gehirn in einen veränderten Zustand versetzt werden, zum Beispiel den Zustand der gesteigerten Offenheit des Bewusstseins für die Wahrnehmung der inneren wie äußeren Wirklichkeit. Der generelle Verdacht, hier sollten außerordentliche religiöse Erlebnisse durch Manipulationen des normalen Lebens bewusst erzeugt werden und sie seien deshalb auch nur Bewusstseinsinhalte oder Halluzinationen, denen keine Realität außerhalb derselben entspreche, ist unter solchen Voraussetzungen nicht begründet. Fraglich ist nur, ob solche Erlebnisse allein den religiösen Glauben zu begründen vermögen.

Das heißt nicht, dass besondere religiöse Erlebnisse nicht deutbar sind oder gar pathologischer Art sein müssen. Für den Apostel Paulus zum Beispiel war seine Christusvision und Bekehrung vor Damaskus das entscheidende Erlebnis in seinem Leben (Apostelgeschichte 9; Galater 1). Seine »Theologie« wurde dadurch zutiefst bestimmt, doch konnte er die Bedeutung dieses singulären Erlebnisses nur in einer durch es ausgelösten langen Auseinandersetzung mit seiner Herkunft als jüdischer Gesetzeslehrer und der Lehre Jesu Christi entfalten. Das subjektive religiöse Erlebnis gewinnt also in der Auseinandersetzung mit einer religiösen und sprachlich vermittelten Tradition seine Deutung und Bedeutung, so dass es wiederum sprachlich vermittelt und daraufhin von anderen in Ansätzen nacherlebt, verstanden und auch für sich als bedeutsam erlebt werden kann.

Unbestreitbar sind die Übergänge von solchen außerordentlichen religiösen Erlebnissen zu psychopathologischen Formen religiösen Erlebens fließend. Und es hat nicht an Versuchen gefehlt, alle derartigen religiösen Erlebnisse psychopathologisch zu erklären. So hat auch Karl Jaspers die Berufungserlebnisse von Propheten und ihre Visionen und Auditionen, insbesondere die des Propheten Ezechiel, als psychotisch bedingte Formen des Erlebens gedeutet. Allerdings fehlen diesen Erfahrungen wesentliche Kriterien dafür, bei den Propheten eine Psychose zu diagnostizieren. Die Propheten wissen sehr genau zwischen diesen Erlebnissen und der normalen Lebenswirklichkeit zu unterscheiden, sie deuten diese nicht so unter dem Vorzeichen dieses Erlebens, dass die reale Welt in ihnen verändert wird, sondern sie sind bemüht, ihre Erlebnisse so zu deuten und zu verstehen, dass sie anderen Menschen mitteilbar und auch für sie verstehbar sind, dass sie also auf die reale Welt bezogen werden, ohne diese ihren Erlebnissen »anzuverwandeln«. Es fehlen den religiösen Erlebnissen dieser Menschen also wesentliche Kriterien einer psychotisch erkrankten Persönlichkeit. Sie konnten ihre Erlebnisse im Horizont ihrer bisherigen Biographie deuten. Auch wenn sie oft einen mehr oder weniger radikalen Bruch mit dem bisherigen Leben bewirkten, wurde das Leben doch nicht in eine psychotische Erlebniswelt aufgesogen. Die Tatsache allein, dass diese Erlebnisse nicht mit dem Erleben »normaler« Menschen übereinstimmen, dass hier mit dem Einwirken »transzendenter Mächte« in diese Welt gerechnet wird, rechtfertigt noch nicht eine Einstufung als psychotisch bedingtes Erleben. Für eine derartige Einstufung sind dann mehr die weltanschaulichen Voraussetzungen dessen, der sie vornimmt, als das Erleben und Leben derer der Grund, die solche Erlebnisse hatten. Wenn man nicht für möglich hält, dass es eine »transzendente Wirklichkeit« gibt, die sich auch in dieser Welt kundtun kann, dann wird man schnell bereit sein, eine psychopathologische Diagnose zu stellen.

Beispiel: Pfarrer B., seit zwei Jahren im Dienst als Pfarrer, ist auf eigenen Wunsch in die Klinik gekommen, weil er ein religiöses Bekehrungserlebnis hatte, er sich aber nicht sicher ist, ob dies nicht psychopathologische Gründe hat. Er wünschte eine Abklärung durch Psychiater. In seinem Erlebnis wurde ihm klar, dass er bisher nur einen allgemeinen Gottesglauben hatte, dass Jesus Christus darin aber keine wichtige Rolle spielte. Nun sei ihm in diesem Erlebnis die zentrale Bedeutung Jesu Christi für den christlichen Glauben aufgegangen. Diese für ihn neue Erkenntnis sei ihm plötzlich als Erleuchtung widerfahren. Seit dieser Zeit lese er das Neue Testament ganz anders, und es sei ihm auch wichtig, das in seinen Predigten deutlich auszudrücken. Er hat Sorge, dass die Gemeinde das nicht verstehen und nachvollziehen kann, müsse daher immer versuchen, dies nicht so deutlich zu sagen, wie es sein Anliegen sei. Die Station behandelt das zunächst als eine psychotische Symptomatik. Bedingt durch Urlaubszeit übernimmt ein anderer Oberarzt die Leitung der Station. Er, der sich im christlichen Glauben auskennt, hat Zweifel, ob die Diagnose stimmt. Er bittet mich um Mithilfe bei einer Abklärung. Es zeigt sich, dass der neue Umgang mit dem Neuen Testament durchaus dem Sinn der Aussagen entspricht, dass lediglich der Drang, diese neue Erkenntnis der Gemeinde schnell und mit aller Klarheit zu vermitteln, überwertig war. Herr B. wurde entlassen, ohne weiter Medikamente zu nehmen. Das Erleben hat seinen persönlichen Glauben wie die inhaltliche Ausrichtung seiner Arbeit stark verändert. Er tut seinen Dienst als Pfarrer in innerer Gewissheit und ohne Probleme seit fast drei Jahren.

A. Newberg und E. D'Aquili (2003) behaupten, dass sich durch die Methoden funktioneller Bildgebung »echte« religiöse Erlebnisse auch auf der neurophysiologischen Ebene von psychopathologisch bedingten Erlebnissen anatomisch abgrenzen lassen. Sie haben das für bestimmte Formen religiöser Erlebnisse in der Meditation plausibel gemacht. Ob das aber auf alle Formen religiösen Erlebens zu übertragen ist, ist mehr als zweifelhaft, denn unterschiedliche Formen religiösen Erlebens haben auch in unterschiedlichen Bereichen des Gehirns ihre unterschiedlich deutlichen physiologischen Korrelate. Das wird auch für psychiatrische Erkrankungen, auch für Psychosen gelten. Dies besagt, dass wir auf diese Weise keine objektiven physiologischen Kriterien erhalten, zwischen gesunden und kranken religiösen Erlebnissen zu unterscheiden. Allenfalls können uns die bildgebenden Verfahren Anhaltspunkte für Unterscheidungen geben, können aber eine Psychopathologie und eine ihr zugrunde liegende Bewertung des menschlichen Erlebens und Verhaltens an einem normativen Begriff von seelischer Gesundheit und von »normalem« und »verrücktem« Erleben nicht ersetzen.

Religiöse Erlebnisse bei akuten Psychosen

Die Fortschritte der Neurowissenschaften – insbesondere aufgrund der funktionellen Bildgebung – erzeugen bei vielen die Hoffnung, dass die Psychiatrie bald in Neurowissenschaft überführbar sein wird. Eine Psychopathologie braucht man dann nur noch, um ein Symptom zu beschreiben und dieses dann neurophysiologisch zu objektivieren und daraufhin biochemisch zu therapieren, das heißt letztlich »wegzumachen«. Den Erfolg kann man dann immer mehr durch bildgebende und andere Verfahren neurophysiologisch überprüfen. Der Mensch als Person, als Subjekt, und damit das subjektive Erleben eines kranken Menschen, interessiert dann letztlich nicht mehr, ja, man muss zuletzt kaum noch mit dem Menschen kommunizieren, weil sich alle diagnostisch und therapeutisch relevanten Daten neurologisch objektivieren lassen. Diese der primär biologisch orientierten Psychiatrie immanente Tendenz zur Ausblendung des Subjekts und seines Erlebens wird durch die neuen neurowissenschaftlichen Methoden ungeheuer verstärkt (Hell, 2003). Dies kann längerfristig endgültig zur methodisch begründeten Ausblendung des Subjekts auch in der Psychiatrie führen. Psychosen, vielleicht aber auch Depressionen und andere seelische Erkrankungen, werden dann wie somatische Erkrankungen behandelt, für deren Behandlung nicht nur das subjektive Erleben des Menschen in seiner Krankheit immer mehr belanglos wird, sondern auch der Zusammenhang der Krankheit mit der Lebensgeschichte eines Menschen. Der Versuch, das psychotische Erleben zu verstehen und dem kranken Menschen dabei und bei seiner Verarbeitung zu helfen, wird damit überflüssig. Es geht dann letztlich nur noch darum, eine »verrückte« Symptomatik wegzumachen.

Mit dem Namen Karl Jaspers wird das sogenannte »Unverständlichkeitstheoreom« des psychotischen Erlebens verbunden. Es sollte allerdings nicht dahingehend verstanden werden, dass das psychotische Erleben überhaupt keine für andere Menschen verständlichen Momente und für den betroffenen Menschen auch keinerlei sinnhafte Aspekte enthält (Schmidt-Degenhard, 2003, 2004). Diese werden sich ihm im Moment der akuten Psychose, in dem der Mensch die Entmächtigung seiner selbst und die Infragestellung seiner Welterfahrung durch eine abgründige Angst erlebt, zwar selten erschließen, aber doch oft in der nachfolgenden Verarbeitung des Erlebten. Dies gilt vor allem für religiös-spirituelle Erlebnisse in der akuten

Psychose, insbesondere dann, wenn sie nicht mit höllischen und apokalyptischen Vernichtungserlebnissen, sondern mit Licht- und Erleuchtungserfahrungen verbunden sind (Buck-Zerchin, 2005), die mystischen Erlebnissen und Nahtoderlebnissen nahe kommen. Sie sind dann auch selten mit schweren Angstzuständen, sondern vielmehr mit »erhebenden Gefühlen« verbunden. Und gerade bei ihnen wird der Übergang zu intensiven religiös-spirituellen Erlebnissen gesunder Menschen fließend (Jackson, 2001): Gesunde wie kranke Menschen können von der objektiven »Wirklichkeit« und der »Wahrheit« ihres »normalen« Menschen unzugänglichen und daher von anderen Menschen als »wahnhaft« oder »illusionär« eingestuften Erlebens überzeugt sein.

Die Vermutung liegt daher nahe, dass solchen spirituellen Erlebnissen Gesunder wie denen Kranker in der Psychose nicht nur die gleichen psychischen, sondern auch die gleichen neurophysiologischen Mechanismen zugrunde liegen. Angenommen es wäre so, dass die in einer Schizophrenie aufbrechende wahnhafte Vorstellung, Christus, der Retter der Welt oder gar Gott selbst zu sein, einerseits und das mystische Erleben, etwa infolge von Meditation, mit Christus (Christusmystik) oder Gott (Gottesmystik) eine enge Verbindung zu haben oder gar eins zu werden (unio mystica) andererseits sich im Hirnscanner neurophysiologisch an den gleichen Orten und in gleicher Weise darstellten, was würde das beweisen? Würde es besagen, dass alle religiösen Erlebnisse im Augenblick des Erlebens psychotischer Art sind, dass sie bei den einen eben nur flüchtige, aber dennoch tief beeindruckende Episoden sind, bei den anderen aber eingebettet sind in eine tiefe und oft bleibende Veränderung der Persönlichkeit, dass sie grundsätzlich aber beide pathologischer Art sind? Vorausgesetzt würde damit, dass allein die neurophysiologische Basis und nicht die subjektive Deutung der Betroffenen für die Beurteilung eines Erlebens entscheidend ist. Einer solchen Deutung liegt ein weltanschaulich bedingter naturalistischer Reduktionismus zugrunde, nach dem die Inhalte des Erlebens lediglich Epiphänomene dieser neurophysiologischen Prozesse sind. Sie wären daher – als rein subjektive Erlebnisse – letztlich auch für die psychiatrische Behandlung belanglos. Das muss dann allerdings für alles seelisch-geistige Erleben gelten und nicht nur für das »unnormale«, insbesondere für das religiöse Erleben. Eine solche reduktionistische Sicht muss dann aber negieren, dass grundsätzliche Unterschiede zum Beispiel zwischen der wahnhaften Vorstellung in einer

Psychose, Christus oder Gott zu sein, und dem mystischen Erleben der Einheit mit Christus oder Gott bestehen, die – wenigstens im christlichen Bereich – keine wesensmäßige Identifikation mit Christus und Gott, auch keine seinsmäßige Verschmelzung mit Gott, sondern eine innige personale Gemeinschaft in der Liebe bedeutet, die die personale Unterscheidung zwischen Gott und Mensch nicht aufhebt. Im Unterschied zum schizophren erkrankten Menschen weiß der gläubige Mensch und der Mystiker ganz klar um diese Unterscheidung, er verwechselt sich nicht mit Christus oder Gott.

Sicher gibt es zwischen gesunden und kranken Menschen Unterschiede in der Verarbeitung derartiger spiritueller Erlebnisse. Der Psychiater Mike Jackson (2001) fand bei den von ihm untersuchten psychotisch erkrankten Menschen und den gesunden Menschen mit besonderen spirituellen Erlebnissen in dieser Hinsicht eindeutige Unterschiede. Die psychotisch erkrankten Menschen wurden durch die Erlebnisse so überwältigt, dass sie die Beziehung zur realen Lebenswelt verloren und das Erlebte nicht verstehen und daher nicht in den Horizont ihrer Lebensgeschichte sinnvoll und lebensdienlich einordnen konnten. Jackson meint, dass ein gesund verlaufendes spirituelles Erlebnis dem Betroffenen religiöse Antworten auf ihn bewegende Lebensfragen gibt und so seine Lebensprobleme zu bewältigen hilft. Bei psychotisch erkrankten Menschen hingegen würden solche Erlebnisse den Menschen in seinem Selbstsein tiefgehend verunsichern und für ihn im Horizont seiner Lebensgeschichte meist unverstehbar sein. Mit dieser Fokussierung auf die Verarbeitung der religiös-spirituellen Erlebnisse werden wesentliche Unterscheidungsmerkmale zwischen einem heilsamen und einem destruktiven Erleben empirisch ermittelt, aber keine Aussage über die Inhalte religiösen Erlebens gemacht.

Nicht nur von der Neurophysiologie, also dem Träger von Informationen, her können keine Aussagen über die Inhalte der Informationen gemacht werden, sondern auch nicht vom Umgang mit den Erlebnissen (Eibach, 2006). Tiefgehende spirituelle Erlebnisse können Brüche in der Biographie hervorrufen, die bis zu radikalen Lebenswenden und Bekehrungen führen können, die die Menschen sicher vorübergehend tief verunsichern, sie dann aber doch zu einer neuen und vertieften Lebensführung befähigen können. Sie können den Menschen aber auch so tief erschüttern und zerreißen, dass er seine Identität, sein Selbst verliert, das er dann im schizophrenen Wahn mühsam zu retten versucht. Die Frage stellt sich daher, inwieweit diese Erschütterung auch mit dem Inhalt der Erlebnisse selbst zusammenhängt und inwieweit sich im Inhalt dieser erschütternden Erlebnisse eine Wirklichkeit auftut, die der gesunde Mensch im Gegensatz zum kranken Menschen erfolgreich abwehren kann. Damit wird der Blick auf den Inhalt der Erlebnisse gelenkt, zu dem uns die Neurowissenschaften keine Aussage machen können. Ohne den Versuch eines solchen Verstehens wird der seelisch kranke Mensch sich meist nicht als Subjekt wahrgenommen und ernst genommen fühlen. Es ist ja durchaus nicht so, dass die pathologischen Symptome immer bedeutungslos und ohne Inhalt sind, dass ihre Bedeutung nie auch nur annähernd erahnt werden kann. Auch die »Todeslandschaften der Seele« (G. Benedetti) sprechen oft nicht nur eine Sprache des Leidens an der zerbrochenen Existenz, sondern auch des Leidens am objektiven Elend in der Welt und damit eine Sprache der Sehnsucht nach einem heilen eigenen Menschsein und zugleich einer heilen Welt, die sich oft in tief in der Seele verwurzelten Bildern und Vorstellungen religiöser Art ausdrückt.

Beispiel: Herr K., Doktorand der Physik, befindet sich auf der geschlossenen Station. Als er merkt, dass andere zu mir guten Kontakt haben, stellt er sich mir kurz vor. Beim nächsten Gespräch sagt er nach einer Weile: »Sie sind Pfarrer. Ich muss Ihnen etwas mitteilen! Ich bin Christus!« »O«, sage ich, »da sind Sie aber etwas ganz Großes!« »Ja«, sagt er, »ich bin am Morden im Irak schuldig. Erst habe ich gedacht, dass ich deshalb hingerichtet werde. Aber jetzt bin ich Christus, ich werde das alles in Ordnung bringen, ich werde den Frieden bringen. Bush ist ja nur ein Mensch, der schafft das nicht!« Ich: »Da haben Sie aber eine große Aufgabe übernommen. Ich bin froh, dass ich die nicht habe!« Er: »Aber ich bin Christus!« Ich sage nach einer Weile: »Aber Sie sind doch auch Herr K., Physiker, so ca. 180 cm groß, kleiner als ich!« Er lächelt und geht dann schweigend weg. Als er aus der akuten Psychose heraus ist, sagt er: »Herr Pfarrer, ich bin aus der Kirche ausgetreten, bin Atheist, glaube nur, was ich sehen und erforschen kann. Und nun bekomme ich ausgerechnet eine religiöse Psychose. Das ist doch seltsam. Das muss doch eine Bedeutung haben, vielleicht habe ich mir nur eingebildet, dass ich Atheist bin! Was meinen Sie dazu?«

Wenn ein schizophrener Mensch meint, er sei an dem Morden im Irak schuldig und er habe die Aufgabe, dem Land den Frieden zu bringen und er müsse das jetzt in Angriff nehmen, er sei der Retter der Welt, so spiegelt sich sicher die Zerrissenheit, ja der Tod in seiner Seele in den Bildern wider, die ihm durch das Fernsehen vermittelt werden. Er erlebt, weil er aufgrund seiner seelischen Zerrissenheit sich nicht davon distanzieren kann, die Ungerechtigkeit und das Leiden der Menschen dort als sein eigenes Leiden. Es muss für dieses Leiden einen »Retter« geben, der kein Mensch sein kann, sondern »gottgleich« sein muss. Aber ist dies nicht eine realere Wahrnehmung des Elends, als wir »Gesunden« zugeben möchten? Haben nicht gerade solche Menschen ein tiefes Empfinden für Ungerechtigkeiten und das Böse und das tiefe Wissen, dass wir es mit einer »gestörten« Weltordnung zu tun haben, die der Erlösung bedarf? Bricht bei ihnen nicht das archaische Bedürfnis nach Gerechtigkeit und einer gerechten Weltordnung durch und das Wissen darum, dass die Menschen diese Ordnung gestört haben und dafür büßen und sühnen müssen. Es sind Vorstellungen von »Schuld und Sühne«, von Zerstörung einer heilsamen Lebensordnung und Chaos und von Errettung, Erlösung und Heilwerden, vom »ewigen Frieden«, nicht nur in einer individuellen, sondern auch in einer überindividuellen, ja einer universalen Dimension (Eibach, 1992). Es sind Vorstellungen, Bilder und Sehnsüchte, die in den meisten Religionen fest verankert sind, nicht zuletzt auch im jüdisch-christlichen Bereich: Ihnen liegen tief in der Seele verwurzelte Ahnungen, das Empfinden einer überindividuellen und verhängnishaften Schuld und ein Wissen um die Macht des Bösen zugrunde, in die der Einzelne verwoben ist und die den Einzelnen immer mit schuldig werden lässt, und zugleich Bedürfnisse und Sehnsüchte nach einer Erlösung vom Bösen und einem umfassenden Heilwerden der Welt. In ihnen drückt sich zwar in erster Linie die Zerrissenheit, das Chaos in der eigenen Existenz aus, und auf dieser Basis wird die Welt entsprechend gedeutet, aber manchmal doch in ihrer harten und bösen Realität zutreffend wahrgenommen. Sicher macht die Unfähigkeit, sich von solchen Symptomen zu distanzieren, lebensunfähig. Aber sehen solche Menschen im Spiegel ihrer zerrissenen Seele nicht eine Wirklichkeit und leiden an ihr, die die Gesunden sich vom Leibe, besser, von der Seele halten?

Will man den kranken Menschen als Subjekt wahr- und ernstnehmen, so ist es erfordert, diese Symptome nicht nur zur Diagnostik der Psychopathologie zu benützen, um sie dann biochemisch oder sonstwie »wegzumachen«, sondern es kommt darauf an, dem kranken Menschen zu helfen, die subjektiven Inhalte solcher Erlebnisse möglichst auch in ihrer Bedeutung zu verstehen, und zwar in ihrer negativen wie vor allem in ihrer positiven Bedeutung. Dabei sollte man sich aber nicht anmaßen, die Abgründe der menschlichen Seele begreifen zu müssen und zu können. Auch durch einen hermeneutischen, einen verstehenden Ansatz sollte man das Unbegreifliche nicht begreiflich machen wollen. Aber überhaupt darauf zu verzichten, den Patienten die subjektiven Inhalte ihrer Erlebnisse in der Psychose erschließen zu helfen, hieße, sich wesentlicher, die Genesung und ein heilsameres Leben fördernder Möglichkeiten zu begeben (Huguelet u. Moor, 2004; Mundhenk, 1999; Wiedemann, 1996). In dem Maße, in dem die Psychiatrie versucht, sich als eine besondere Form der Neurologie, als Neurowissenschaft zu etablieren, führt dies notwendig immer mehr zur Ausblendung eines solchen, den Patienten als Subjekt in seinem Erleben und Fühlen ernst nehmenden hermeneutischen Zugangs zum kranken Menschen (Hell, 2003). Eine auf Verstehen ausgerichtete, also hermeneutische Psychiatrie (Schmidt-Degenhard, 2003 und 2004) wird daher immer mehr einer naturwissenschaftlich erklärenden Neurobiologie geopfert werden. Die Frage ist nur, ob – wenn das Symptom weg ist – der Mensch sein psychotisches Erleben und seine Inhalte zugleich auch vergessen hat, ob sie ausgelöscht sind und den Menschen nicht mehr belasten.

Unsere Ausführungen zeigen einmal, dass die Übergänge zwischen Menschen, deren religiös-spirituelle Erlebnisse mit einer Psychose verbunden sind, und den besonderen religiösen Erlebnissen gesunder Menschen fließend sind. Zum anderen zeigt sich, wenn man auf den Inhalt der Erlebnisse blickt, dass es selbst in den religiösen Erlebnissen in der Psychose Momente gibt, die auch in den religiösen Erlebnissen gesunder Menschen auftauchen und die in sich durchaus sinnhaft sind, allerdings von den betroffenen kranken Menschen meist nicht als solche erlebt, verstanden und verarbeitet werden können. Dieser Umgang mit den Erlebnissen ist aber von deren Inhalt zu unterscheiden. Ein pathologischer Umgang mit den Erlebnissen besagt an sich nicht, dass die Erlebnisse selbst, ihre Inhalte pathologisch sind. Das entscheidende Kriterium für eine Einstufung des Erlebens als pathologisches oder gesundes Erleben ist sicher die Möglichkeit des Betroffenen, dieses Erleben im Horizont seiner Lebensgeschichte zu verstehen und es in sie, wenn auch vielleicht mit mehr oder weniger großen Brüchen, zu integrieren. Ob ein derartiges individuelles Erleben aber eine überindividuelle Bedeutung hat, hängt daran, ob es auch an andere so mitgeteilt werden kann, dass sie es verstehen und für sich als bedeutsam erkennen und grundsätzlich auch in ähnlicher Weise nacherleben können. Das wird bei psychopathologischen Erlebnissen kaum der Fall sein. Aber auch ein individuelles religiöses Erlebnis gesunder Menschen stiftet in der Regel keine religiöse Gemeinschaft und daher keine das Leben einer solchen Gemeinschaft bestimmende Religion, die nie ohne eine Lehre ist, anhand derer die individuellen Erlebnisse auf die Übereinstimmung mit den religiösen Erfahrungen der Gemeinschaft überprüft werden (Eibach, 2006).

Ergebnis

Die neurophysiologischen Erkenntnisse können je nach wissenschaftstheoretischen und weltanschaulichen Prämissen sehr unterschiedlich gedeutet werden. Sie vermögen die Frage, ob in religiösem Erleben eine eigenständige geistige Wirklichkeit wahrgenommen wird, speziell, ob es einen Gott gibt oder ob Gott nur ein »Hirnprodukt« ist und es ihn insofern nicht »gibt«, nicht zu beantworten, sondern nur zu sagen, mit welcher Aktivität und Intensität sich die unterschiedlichen Formen religiösen Erlebens in welchen Regionen des Gehirns widerspiegeln. Auch vermögen sie die Frage nach der Echtheit und der Bedeutung der religiösen Erlebnisse und der Wahrheit der auf sie aufbauenden Religionen nicht zu beantworten. Dazu bedarf es unabdingbar der Bezugnahme auf die durch die Sprache vermittelten Deutungen des religiösen Erlebens im geschichtlichen Kontext der Inhalte und Lehren der Religionen. Die Neurophysiologie vermag also über die Inhalte, Bedeutung, Qualität und Wahrheit religiösen Erlebens keine entscheidenden Aussagen zu machen.

Die in religiösem Erleben wahrgenommene Wirklichkeit kann nicht mit empirischen Methoden erforscht und im Sinne der empirischen Wissenschaften als Wissen und Beweis ausgegeben werden, sie kann nur *subjektiv erlebt* werden, vor allem wenn man nach ihr sucht und sich ihr aussetzt. Diese Subjektivität des Erlebens und die darin gründende Gewissheit einer »spirituellen Wirklichkeit« sind unhintergehbar, also weder auf die Ebene neuronaler Prozesse reduzierbar noch in eine höhere Einheit von beiden überführbar, aber dennoch nicht im Sinne der empiristischen Religionskritik als bloßes Hirnprodukt, als »Illusion« oder als psychopathologisches Erleben abzutun. Die Neurowissenschaften können die Bedingungen der Möglichkeit religiösen Erlebens aufzeigen und erklären. Diese *Erklä-*

rung bedeutet aber nicht zugleich ein *Verstehen* religiösen wie auch anderen seelisch-geistigen Erlebens in seiner Bedeutung für das erlebende Subjekt und andere Menschen. Die neurowissenschaftliche Erklärung muss die Dimension des subjektiven Erlebens in seiner Einmaligkeit und Bedeutung für das Subjekt auf objektivierbare und messbare und daher wiederholbare physiologische Daten reduzieren und damit die Einmaligkeit des Erlebens des Subjekts und das Subjekt selbst ausklammern und steht damit immer in der Versuchung, nur der naturwissenschaftlich fassbaren Welt »Wirklichkeit« zuzubilligen und alle Vorstellungen von einer »transzendenten« Wirklichkeit als Illusionen abzutun.

Die positive Bedeutung der neuen neurowissenschaftlichen Erkenntnisse für das Verstehen religiösen Erlebens und ein von ihm geprägtes Handeln ist vor allem darin zu sehen, dass sie das Augenmerk wieder auf die entscheidende Rolle der Gefühle für das religiöse Erleben lenkt. Es hängt nicht zuletzt von der Besetzung der Erlebnisse mit Gefühlen ab, ob und wie sehr sie für das menschliche Leben bestimmend werden. Allerdings bleiben gerade stark mit Gefühlen besetzte religiöse Erlebnisse darauf angewiesen, dass sie im Rahmen eines auch von anderen nachvollziehbaren Bedeutungssystems verstehbar werden und in einer heilsamen Weise in die Biografie des Betroffenen und das Leben einer Glaubensgemeinschaft eingeordnet werden können.

Abgrenzungen zwischen dem religiösen Erleben, auch besonderen »mystischen« Erlebnissen und Transzendenzerfahrungen gesunder Menschen einerseits und den religiösen Erlebnissen in der Psychose andererseits können nur sehr bedingt mit den Methoden funktioneller Bildgebung und damit auf der neurophysiologischen Ebene vollzogen werden. Dazu bedarf es der Kommunikation mit dem erlebenden Subjekt und der Kenntnis seines Umgangs mit den Erlebnissen, insbesondere ihrer Deutung durch das erlebende Subjekt. Sie sind entscheidend für eine Einstufung der Erlebnisse als gesundes oder krankhaftes religiöses Erleben. Selbst wenn man im Hirnscanner nachweisen könnte, dass die neurophysiologischen Korrelate von religiösen Erlebnissen gesunder und psychotisch erkrankter Menschen sich nicht unterscheiden, würde das nicht besagen, dass auch alle religiösen Erlebnisse, wenigstens aber besondere Erlebnisse gesunder Menschen pathologischer Art sind. Vielmehr muss man davon ausgehen, dass auch die religiösen Erlebnisse psychisch kranker Menschen oft tief in der menschlichen Seele verwurzelte Inhalte enthalten, die auch im religiösen Erleben gesunder Menschen auftauchen, häufig aber auch von ihnen unterdrückt werden, die allerdings von psychisch kranken Menschen, insbesondere in einer Psychose, in krankhafter und nicht lebensdienlicher Weise gedeutet und verarbeitet werden.

Literatur

Avise, J.C. (2001). The Genetic Gods. Evolution and Belief in Human Affairs, London: Harvard University Press.

Azari, N. P., Nickel, J., Wunderlich, G. et al. (2001). Neural correlates of religious experience. European Journal of Neurosc., 13, 1649-1652.

Bieneck, A., Hagedorn, H. B., Koll, W. (Hrsg.) (2006): »Ich habe ins Jenseits geblickt«. Nahtoderfahrungen Betroffener und Wege, sie zu verstehen. Neukirchen-Vluyn: Neukirchener Verlagshaus.

Buck-Zerchin, D. S. (2005). Auf der Spur des Morgensterns. Neumünster: Die Brücke.

Clarke, I. (Ed., 2001). Psychosis and spirituality: Exploring the new frontier. London u. Philadelphia: Whurr Publishers.

Damasio, A. R. (1997). Descartes' Irrtum. Fühlen, Denken und das menschliche Gehirn, München: dtv.

Damasio, A. R. (2000). Ich fühle, also bin ich. Die Entschlüsselung des Bewusstseins. München: List.

Dawkins, R. (1978). Das egoistische Gen. Berlin u. a.: Springer.

Dawkins, R. (2007). Der Gotteswahn. Berlin: Ullstein.

Eibach, U. (1992). Seelische Krankheit und christlicher Glaube. Theologische, humanwissenschaftliche und seelsorgerliche Aspekte. Neukirchen-Vluyn: NeukirchenerVerlagshaus.

Eibach, U. (2006): Gott im Gehirn? Ich – eine Illusion? Neurobiologie, religiöses Erleben und Menschenbild aus christlicher Sicht. Wuppertal: R. Brockhaus.

Eibach, U. (2007). »Die dunkle Nacht der Seele«. Über Seelenfinsternis und Gottesfinsternis. Psychotherapie & Seelsorge 1, 9–14.

Grof, St. et al. (2003). Wir wissen mehr als unser Gehirn. Die Grenzen des Bewusstseins überschreiten. Freiburg: Herder.

Jackson, M. (2001). Psychotic and spiritual experience: a case study comparison. In: I. Clarke (Ed.), Psychosis and spirituality (pp. 165-190).

Joseph, R. (2000). The Transmitter to God. Limbic System, the Soul, and Spirituality. San Jose: University Press California.

Habermas, J. (2005). Zwischen Naturalismus und Religion. Frankfurt a. M.: Suhrkamp.

Hamer, D. (2004). The God Gene. How Faith is Hardwired into our Genes. New York: Doubleday.
Hefti, R. (2007): Sind Christen häufiger depressiv? Psychotherapie & Seelsorge, 1, 40-43.
Hell, D. (2003). Seelenhunger. Der fühlende Mensch und die Wissenschaften vom Leben. Bern u. a.: Huber.
Hole, G. (1977). Der Glaube bei Depressiven. Stuttgart: Enke.
Honnefelder, L., Schmidt, M. (Hrsg.) (2007). Naturalismus als Paradigma. Wie weit reicht die naturalistische Erklärung des Menschen? Berlin: de Gruyter.
Huguelet, P., Moor, S. (2004). The relationship between schizophrenia and religion and its implications for care. Swiss Medical Weekly, 134, 369-376.
Koenig, H. G. (1992). Religious coping and depression in elderly hospitalized medically ill men. In: American Journal of Psychiatry, 149, 1693-1700.
Linke, D. B. (2003). Religion als Risiko. Geist, Glaube und Gehirn. Reinbek: Rowohlt.
Lüke, U., Meisinger, U., Souvignier, G. (Hrsg.) (2007). Der Mensch – nichts als Natur? Interdisziplinäre Anmerkungen. Darmstadt: Wissenschaftliche Buchgesellschaft.
Metzinger, T. (2006). »Being No One«. In: Grundkurs Philosophie des Geistes. Bd. 1, S. 421ff. Paderborn: mentis.
Mundhenk, R. (1999). Sein wie Gott: Aspekte des Religiösen im schizophrenen Erleben und Denken. Neumünster: Die Brücke.
Newberg, A., D'Aquili, E., Rause, V. (2003). Der gedachte Gott. Wie Glaube im Gehirn entsteht. München: Piper.
Persinger, M. A. (1999). Neuropsychological Bases of God Beliefs. New York: Praeger Publishers.
Popper, K., Eccles, J. (1982). Das Ich und sein Gehirn. München: Piper.
Roth, G. (2003). Ein neues Menschenbild? Gespräche über Hinforschung. Frankfurt a. M.: Suhrkamp.
Schleim, S. (2008). Gedankenlesen. Pionierarbeit der Hirnforschung. Hannover: Heise.
Schmidt-Degenhard, M. (2003). Hermeneutische Psychopathologie der Psychosen. Der Nervenarzt 74, 16-22.
Schmidt-Degenhard, M. (2004). Verstehen als Methode und klinische Praxis. Schweizerisches Archiv für Neurologie und Psychiatrie 155, 5-15.
Wiedemann, W. (1996). Krankenhausseelsorge und verrückte Reaktionen. Das Heilsame an psychotischer Konfliktbewältigung. Göttingen: Vandenhoeck & Ruprecht.

Rezension

Henning Schauenburg und Birgit Hofmann (Hrsg.) (2007): Psychotherapie der Depression. Krankheitsmodelle und Therapiepraxis – störungsspezifisch und schulenübergreifend. Stuttgart: Thieme. 2. überarbeitete und erweiterte Auflage, XIV, 230 Seiten

Wolfgang Senf und Michael Broda (Hrsg.) (2007): Praxis der Psychotherapie. Ein integratives Lehrbuch. Stuttgart: Thieme. 4. aktualisierte Auflage, XXI, 874 Seiten

In der jetzt vorgelegten Auflage ist den Herausgebern eine informative Übersicht über den Stand der Psychotherapie der Depression gelungen. Der Band ist durch einen interdisziplinären Ansatz gekennzeichnet und berücksichtigt den Beitrag verschiedener Psychotherapieschulen zur Depressionsbehandlung. Zu Recht weisen die Herausgeber im Vorwort auf ein Übergewicht der Pharmakotherapie in der Behandlung von Depressionen hin und versuchen mit dem vorliegenden Band ein gewisses Gegengewicht zu dieser Tendenz zu bilden. Nach Auffassung der Herausgeber zeigt sich die Wirksamkeit der Psychotherapie in der Behandlung von Depressionen nicht nur in vielfältigen Prozess- und Out-come-Studien, sondern auch in neurobiologischen Untersuchungen, welche gezeigt haben, dass Psychotherapie auf »depressionsrelevante Hirnstrukturen« kausal wirken können. Der Band bietet den darin versammelten Autoren die Gelegenheit, den aktuellen Stand der jeweiligen Therapierichtung im Hinblick auf die Depressionstherapie zu dokumentieren. Aus psychoanalytischer Sicht interessant ist zunächst das Kapitel über psychodynamische (= tiefenpsychologisch fundierte) Psychotherapie (H. Schauenburg). Dort wird eine Übersicht der verschiedenen in der Psychoanalyse entwickelten Krankheitsmodelle zur Psychodynamik der Depression erarbeitet und das Konzept eines depressiven Grundkonfliktes (Objekt suchend vs. Objekt meidend) beschrieben.

Das Kapitel über »Psychoanalyse« von D. Huber und H. Will enthält Überlegungen zur Differentialindikation der Psychotherapie Depressiver, hier orientiert an den Forschungen von S. Blatt und dem Strukturbegriff von G. Rudolf, und versucht eine Konfliktspezifität sowie spezifische Charakterstrukturen und typische Übertragungsverläufe in der Behandlung Depressiver herauszuarbeiten. Die Untersuchung von U. Rüdiger und Ch. Reimer widmet sich anhand von Fallbeispielen dem Einfluss der aktuellen Symptomatik auf die Therapeut-Patient-Beziehung während der verschiedenen Phasen des therapeutischen Prozesses (Einfluss der aktuellen Symptomatik, Bedeutung einer drohenden depressiven Krise, Bedeutung der Remission). Die Autoren weisen darauf hin, dass die Therapeut-Patienten-Beziehung besonders abhängig ist vom Krankheitsverlauf, und untersuchen die damit in Verbindung stehenden Gegenübertragungsreaktionen. Aus psychoanalytischer Sicht lesenswert ist die Arbeit von H.-K. Kapfhammer, der die realen Implikationen und die unbewussten psychodynamischen Aspekte untersucht, die sich aus der Kombination von Psycho- und Pharmakotherapie bei Depressiven ergeben können. Er rückt besonders die aus einer Kombinationsbehandlung sich ergebenden typischen Übertragungs- und Gegenübertragungsmuster und deren therapeutische Handhabung in den Vordergrund seiner Überlegungen. Informativ ist ebenfalls der Überblick zur »Familien- und Paartherapie bei Depressionen« von G. Reich und A. Massing. Sie untersuchen anhand von Vignetten Fragen der Indikation und Kontraindikation sowie unterschiedliche Phasen des familien- und paartherapeutischen Behandlungsprozesses bei verschiedenen depressiven Typologien (Depression bei Trennungsthematik, bei Loyalitätskonflikten).

Der von W. Senf und M. Broda herausgegebene Band »Praxis der Psychotherapie« bietet einen Überblick zum aktuellen Stand der Psychotherapieforschung aus interdisziplinärer und schulenübergreifender Perspektive. Dabei verfolgen die Herausgeber, wie im Vorwort programmatisch formuliert, das ehrgeizige Ziel, die differentiellen Therapiemethoden transparent zu machen sowie die Notwendigkeit ihrer Kombination, ja Integration zu verdeutlichen. Die psychoanalytische Perspektive wird kenntnisreich von W. Mertens vertreten (Konflikttheorie, Krankheitstheorie, Übertragung-Gegenübertragung). Im Artikel von U. Streeck werden von einem interpersonellen Standpunkt die von der Psychoanalyse abgeleiteten Therapieverfahren (tiefenpsychologisch fundierte Psychotherapie, Kurzzeittherapie, Familien- und Gruppentherapie, stationäre psychodynamisch orientierte Psychotherapie) unter den Aspekten Behandlungssetting, Indikation und Technik konzise dargestellt. Dem gewählten methodischen Ansatz entsprechend werden aus unterschiedlicher Perspektive verschiedene Krankheitsbilder und deren therapeutische Beeinflussung vorgestellt, so etwa Depression, Angsterkrankung und Essstörungen, aber auch funktionelle und psychosomatische Erkrankungen. Ein abschließendes Kapitel informiert über die Ergebnisse der Psychotherapieforschung sowie deren methodische Grundlagen und enthält eine Zusammenschau verschiedenster therapeutischer Wirkfaktoren sowie Ergebnisse von Out-come-Studien. Für die Leserschaft des *Forum der psychoanalytischen Psychosentherapie* besonders interessant könnte sein, dass auch Depressionen der affektiven Erkrankungen und allgemeine Prinzipien der psychotherapeutischen Behandlung der Schizophrenien Berücksichtigung finden.

Thomas Müller

Rezension

Karen Kaplan-Solms und Mark Solms (2003): Neuro-Psychonalyse. Stuttgart: Klett-Cotta

»In einer fleißigen Nacht der verflossenen Woche, bei jenem Grad von Schmerzbelastung, der für meine Hirntätigkeit das Optimum darstellt, haben sich plötzlich die Schranken gehoben, die Hüllen gesenkt, und man konnte durchschauen vom Neurosendetail bis zu den Bedingungen des Bewusstseins. Es schien alles ineinandergreifen, das Räderwerk paßte zusammen, man bekam den Eindruck, das Ding ist jetzt wirklich eine Maschine und werde nächstens auch von selber gehen [...] Ich weiß mich vor Vergnügen natürlich nicht zu fassen.« Als Freud diesen Brief an Fliess am 20. Oktober 1895 schrieb, damit über den später von Strachey so genannten »Entwurf einer Psychologie« berichtend, war er noch guter Hoffnung »eine naturwissenschaftliche Psychologie zu liefern«, wie es zu Beginn dieses Aufsatzes hieß. Etwas über einen Monat später war diese Hochstimmung so weit verflogen, dass Freud wiederum in einem Brief an Fliess seinen damaligen Geisteszustand, in dem er das Manuskript verfasste, nicht mehr begreifen konnte. Das Manuskript, das er zum Lesen an Fliess sandte, verlangte er nie mehr zurück und ging auch in seiner noch über vierzig Jahre dauernden Tätigkeit nicht mehr darauf ein. Für Sulloway hat dieses Manuskript wie kein anderes Dokument in der Geschichte der Psychoanalyse einen solchen Wust an Auseinandersetzungen mit einem derartigen Minimum an Zustimmungen nach sich gezogen. Die Auseinandersetzungen gingen und gehen vor allem um den Stellenwert des »Entwurfes« in der Geschichte der Psychoanalyse. Für die einen stellt er den letzten Versuch Freuds dar, seinem Bedürfnis zu neurologisieren nachzukommen, andere sehen in dem Text durchaus begriffliche Kontinuitäten, so dass sie von einem »mächtigen und wahrscheinlich gar nicht abschätzbaren Einfluß«

(bei Suloway, S. 178f.) sprechen, den er auf die späteren Schriften Freuds ausübe.

Der Entwurf ist ein Ausgangspunkt der Überlegungen von Kaplan-Solms und Solms, die in ihrem Buch »Neuro-Psychoanalyse« die »Möglichkeiten einer empirisch fundierten Integration von Psychoanalyse und Neurowissenschaften« (S. 15) ausloten, um der Frage nachzugehen, wie das Gehirn subjektives Erleben durch vorhandene anatomische Strukturen und physiologische Funktionen abbilden kann.

In dem ersten Kapitel über die historischen Wurzeln der Psychoanalyse in den Neurowissenschaften skizzieren Kaplan-Solms und Solms den grundlegenden Unterschied zwischen der deutschen und französischen neurologischen Schule. Erstere versucht die klinischen Phänomene anatomisch zu lokalisieren, sie war vorwiegend darauf aus, anatomische und physiologische Theorien zu entwickeln, klinisches Material diente dazu, diese Theorien zu unterstützen. Bei seinem Aufenthalt in Paris bei Charcot, dessen Werke er ins Deutsche übersetzte, kam Freud 1885/1886 mit der französischen Schule in einen unmittelbaren und nachdrücklichen Kontakt. Die Art der Betrachtung in Frankreich war vorwiegend klinisch geprägt, es ging weniger darum, unterschiedliche klinische Phänomene theoretisch zu erklären, als vielmehr darum, sie zu identifizieren und zu beschreiben. Mit dieser Erfahrung und der Auseinandersetzung mit dem englischen Neurologen John Hughlings Jackson (1835–1911) gelangte Freud zu dem Schluss, »dass die pathologische Anatomie niemals eine ausreichende Grundlage für das Verständnis des klinischen Syndroms der Neurose bieten könne« (Kaplan-Solms u. Solms, S. 25). Vor dieser Folie untersuchte er die hysterische Lähmung und kam zu dem Schluss, dass die Läsionen völlig unabhängig von der Anatomie des Nervensystems sein müssen, die hysterische Lähmung als psychische Störung aufzufassen ist. Wenn aber psychische Fähigkeiten aufgrund eigener und eben nicht struktureller Regeln der Hirnanatomie unterliegen, sollten psychische Syndrome auch in psychologischen Termini beschrieben werden. Als Nächstes stellte er fest, dass psychische Funktionen durch lokal begrenzte Hirnschäden nicht einfach ausgelöscht, sondern auf eine dynamische Weise verzerrt werden, was ihn zu der Annahme bewog, dass es wechselseitige Abhängigkeiten zu verschiedenen Teilen des Gehirnes gibt. Er folgerte daraus, »dass psychische Funktionen über eine innere komplexe Organisation verfügen, die nach eigenen funktionellen Gesetzen ein kompliziertes Ganzes ergibt und aus einem vielfältigen Wechselspiel von Wirkfaktoren besteht, das sich zwischen seinen elementaren Komponenten vollzieht« (Kaplan-Solms u. Solms, S. 27). Diese Vorgehensweise hinderte Freud aber nicht daran darauf zu beharren, dass wir »Das Gerüst nicht für den Bau halten«, so führt er in »Die Frage der Laienanalyse« aus: »Bei dem innigen Zusammenhang zwischen den Dingen, die wir als körperlich und als seelisch scheiden, darf man vorhersehen, daß der Tag kommen wird, an dem sich Wege der Erkenntnis und hoffentlich auch der Beeinflussung von der Biologie der Organe und von der Chemie zu dem Erscheinungsgebiet der Neurosen eröffnen werden. Dieser Tag scheint noch ferne, gegenwärtig sind uns diese Krankheitszustände von der medizinischen Seite her unzugänglich« (1926, S. 264). Nachdem Freud, so die Ansicht von Kaplan-Solms und Solms, mit dem Entwurf 1895 den letzten Versuch unternommen hatte, die psychische Dynamik in quasi-anatomischen Begriffen darzustellen, postuliert er zwei Schritte, die zur Erklärung neurologischer Organisationen seelisch-geistiger Prozesse notwendig sind: Es bedarf erstens einer vollständigen psychologischen Analyse der in Frage stehenden psychischen Prozesse, wobei das Ziel sein sollte, die internen Strukturen des fraglichen Funktionssystems unabhängig von einer zerebralen Organisation zu erfassen. Nur dann wird es zweitens möglich sein, die zerebralen Korrelate dieses psychischen Prozesses akkurat und valide zu identifizieren. Während Freud ersterem sein gesamtes psychoanalytisches Leben gewidmet hat, kann letzteres nach den Autoren heute durch die neuen Verfahren der Neurowissenschaften zumindest versucht werden, wenn es eine ausreichend gute Theorie gäbe, die sowohl neuropsychologische als auch psychoanalytische Begrifflichkeiten und Anschauungen integriere. Diese Integrationsleistung sehen sie in dem Werk des russischen Neuropsychologen Lurija.

Aleksandre Romanovich Lurija (1902–1977) hatte engen Kontakt zu der psychoanalytischen Bewegung; er bat Freud 1922 um die Anerkennung einer in Kazan neu gegründeten Psychoanalytischen Gesellschaft, die er auch erhielt. Lurija betrieb eingehende psychoanalytische Forschungen, wurde durch die politischen Zeitläufte zu einem wissenschaftlichen Richtungswechsel veranlasst, blieb aber der Psychoanalyse weiter verbunden. Für Kaplan-Solms und Solms ist zum einen die Nähe Lurijas zur Psychoanalyse, aber eben auch seine Begründung einer dynamischen Neuropsychologie, von erheblichem Belang. Mit seiner »dynamischen Lokalisation« gelang es ihm eine Methode zu etablieren, die auch komplexere Prozesse des Gehirnes erklären konnte. Sie umfasst zwei Schritte: die Qualifikation (Bestimmung) eines Symptoms und die Syndromanalyse. Die Qualifikation einzelner Symptome stellt für Lurija nicht das Resultat seiner Bemühungen dar, vielmehr bilden sie den Ausgangspunkt, den es durch psychologische, biografische und andere Ereignisse zu fundieren gilt. Dieser Schritt sei notwendig, um von der Feststellung eines Symptoms zur Lokalisation der korrespondierenden mentalen Aktivität zu gelangen. »Das Ziel besteht nicht in der Bestimmung und Benennung des Symptoms, sondern darin, ein detailliertes Bild von seinen inneren psychischen Strukturen zu erhalten, um damit seine eigentliche psychische Basis aufzuhellen« (Kaplan-Solms u. Solms, S. 43). Daraus ergibt sich im zweiten Schritt die Syndromanalyse, deren grundlegende Annahme die Dynamik ist, das heißt, dass sich dieselben Störungen auf verschiedene Funktionssysteme auswirken können. Es wird also nicht die Funktion oder deren Störung lokalisiert, sondern die Teile, die diese unterstützen. Kaplan-Solms und Solms sind überzeugt davon mit dieser Methode »die neurologische Organisation jeder geistig-seelischen Fähigkeit aufzuzeigen, unabhängig von ihrer Komplexität und in Übereinstimmung mit den Grundannahmen der Psychoanalyse« (Kaplan-Solms u. Solms, S. 46).

In der dem Buch zugrunde liegenden Untersuchung wurden an insgesamt 35 Patienten mit diversen Hirnläsionen standardisierte neurologische und neuropsychologische Tests durchgeführt. Danach wurden sie im Rahmen einer hochfrequenten psychoanalytischen Therapie untersucht, wobei die verschiedenen Symptome und Syndrome beobachtet und qualifiziert wurden. Die erhobenen Befunde wurden mit den pathologisch-anatomischen und anderen klinischen Befunden korreliert. »Zweifellos wäre dies der Weg zu einer Ansammlung von anatomischen Abbildungen psychischer Prozesse, wie sie die menschliche Persönlichkeit formen« (Kaplan-Solms u. Solms, S. 65).

Exemplifiziert werden die theoretischen Überlegungen an dem Thema der Psychoanalyse, der Funktion des Träumens. Die Neurodynamik des Träumens wurde von den Autoren an sechs Schädigungssyndromen des Gehirns beschrieben, wobei sie betonen, dass die betroffenen Regionen nicht als organischer Sitz spezieller Traumfunktionen zu verstehen sind, sondern als entscheidende

Mitkomponenten des Gesamtvorganges des Träumens, der sich zwischen den sechs Regionen abspielt. Die erste Läsion geht einher mit einem Verlust der Traumfähigkeit die durch eine Schädigung des linken Parietallappens verursacht wird, eine Störung, die dazu führt, dass Patienten wahrgenommene Informationen nicht symbolisch repräsentieren. In einer Fallgeschichte wird diese mit der Läsion einhergehende völlige geistige Leere durch extreme Angst gefüllt. Die zweite Läsion, die mit einem Traumverlust einhergeht und im rechten Parietallappen lokalisiert ist, geht einher mit Defiziten des visuell-räumlichen Arbeitsgedächtnisses; diese Patienten können zwar wahrnehmen, können das Wahrgenommene aber nicht im Bewusstsein halten. Das dritte Syndrom mit einem Verlust der Fähigkeit zu träumen geht einher mit einer Läsion im tiefer gelegenen bifrontalen Bereich und ist neben dem Traumverlust durch eine Adynamie gekennzeichnet. Dadurch zeigt sich für Kaplan-Solms und Solms die Widerlegung der irrigen Annahme, Träume seien motivational neutrale Geschehnisse, wie sie von der neurowissenschaftlichen Theorie fast 50 Jahre vertreten wurden. Bei dem vierten Syndrom steht das nichtvisuelle Träumen im Vordergrund; hier liegt eine Schädigung des Okzipital- und Temporallappens zugrunde. Träume sind in ihrem Ablauf normal, allerdings können keine Bilder, Gesichter, Farben oder Bewegungen wahrgenommen werden. Es liegt also keine Störung der Symbolbildung vor, sondern vielmehr eine der Fähigkeit, visuell wahrgenommene Informationen konkret wahrzunehmen. Im fünften Syndrom verwischen sich durch eine Läsion im frontalen limbischen System Träumen und Realität. Es besteht eine große Ähnlichkeit mit hysterischen und psychotischen Halluzinationen, allerdings sind die Patienten geistig normal, träumen exzessiv, haben aber die Fähigkeit verloren, zwischen Realität und Traumerfahrung zu unterscheiden. Das sechste Syndrom ist durch wiederkehrende Alpträume charakterisiert, die mit Temporallappenanfällen assoziiert sind. Diese Störung wird mit der fokalen Epilepsie in Verbindung gebracht, weil die stereotypen Traumsequenzen auch in Form von Auren oder Anfällen im Wachzustand beschrieben werden.

Mit der neuropsychologischen Syndromanalyse Lurijas werden die wesentlichen Elemente der Freud'schen Traumtheorie gestützt. Kaplan-Solms und Solms kommen zu dem Ergebnis, dass das Bild der Traumarbeit, das aus der Anwendung von Lurijas Methode hervorgeht, sich völlig mit Freuds Annahmen darüber deckt, dass

»psychische Gebilde im allgemeinen überhaupt nicht in organischen Elementen des Nervensystems lokalisiert werden dürfen, sondern sozusagen zwischen ihnen« (Freud, 1900a, S. 616; Kaplan-Solms u. Solms, S. 55f.). Damit führen die Autoren den Nachweis, dass psychische Phänomene nicht auf Molekularbewegungen reduziert werden können und dass das komplexe Geschehen des Träumens die Beteiligung aller Denkoperationen wie Abstraktion, Begriffs- und Symbolbildung, Symbolerkennung, die Mitarbeit des Vorstellungsvermögens, alle Leistungen der Realitätsprüfung beinhaltet. Was passiert, wenn es zu umschriebenen Läsionen kommt, und wie dadurch die Traumdynamik beeinflusst wird, illustrieren Kaplan-Solms und Solms anhand von insgesamt 12 Fallbeschreibungen, die eine gewisse Hierarchisierung der Störung abbilden.

Aus diesen klinischen Fällen, zu den 12 vorgestellten kommen noch 23 andere, die bei den Schlussfolgerungen mit einbezogen wurden, sehen sich die Autoren in der Lage, »ein schematisches Bild vom gesamten psychischen Apparat aus der Sicht seiner physiologischen Bedingungen zu entwerfen« (Kaplan-Solms u. Solms, S. 259). So beginnt das Ich an der Körperperipherie mit den sensorischen Endorganen, die kodierte Informationen aus der Außenwelt an den Kortex weiterleiten, allerdings nicht direkt, vielmehr werden sie auf dem Weg dorthin hinsichtlich unzähliger funktioneller Kriterien analysiert und synthetisiert. Zur Strukturbildung des Ich tragen assoziative Verbindungen von ausgewählten Merkmalen bei, die Inputs zu simultanen Mustern formen. Ist solch ein assoziatives Muster strukturiert, dient es als Reizschutz. Die Reizschutzbarrieren werden entsprechend ihrer ontogenetischen Erfahrung strukturiert. Diese Strukturierungen werden vor allem in den heteromodalen kortiko-thalamischen Zonen ausgebildet. In der rechten Hemisphäre entsprechen sie »Ganzobjekt«-Vorstellungen. In der linken Hemisphäre wird der Prozess der Symbolisierung lokalisiert, was aus Sicht von Kaplan-Solms und Solms einen besonderen Reizschutz darstellt, weil es hier zu einer kategorialen Festlegung kommt. Der limbische Kortex wiederum hat eine vermittelnde Funktion zwischen externer und interner Welt, das Es wird mit seinem Epizentrum in den vitalen grauen Strukturen verortet, die den vierten Ventrikel umgeben.

Kaplan-Solms und Solms wollen diesen Ansatz nicht nur hinsichtlich des Träumens ausgeführt sehen, vielmehr postulieren sie die erarbeiteten Prinzipien für alle komplexen psychischen Funktionen auch für solche, die uns besonders in der Psychoanalyse interessieren, wie zum Beispiel Verdrängung, Aufmerksamkeit und Realitätsprüfung (Kaplan-Solms u. Solms, S. 266).

Kaplan-Solms und Solms haben den Versuch unternommen, etwas zusammenzufügen, was nach ihrer Meinung zusammen gehört, haben dabei viel Gedankenarbeit geleistet und sicherlich auch eine Reihe von Erkenntnissen der Psychoanalyse und der Neurowissenschaften in Beziehung gesetzt. Es gibt Korrelationen, nicht mehr, aber auch nicht weniger. Es ist aber das alte Dilemma, das von Uexküll und Wesiack beschrieben haben, als sie verschiedene Wahrnehmungsformen betrachteten, dass es an einer gemeinsamen Sprache fehlt, deshalb viel gesprochen werden kann, ohne dass man sich versteht. Hier scheint es ähnlich: Auf der einen Seite wird die Sprache der Psychoanalyse gesprochen, auf der anderen die der Neurowissenschaften; scheinbar wird vom selben gesprochen, obwohl es doch nur Ähnliches ist. Diesen Einwand zu machen bedeutet nicht, die Leistung der Autoren zu schmälern, gleichzeitig befinden wir uns meines Erachtens allenfalls auf der Ebene der Korrelationen; ein Bindestrich schafft da nicht nur Verbindung, sondern durchaus auch Trennendes. Dessen eingedenk, kann das Buch als eine intellektuelle Herausforderung verstanden werden.

Michael Putzke

Literatur

Sulloway, F. J. (1982). Freud – Biologe der Seele. Jenseits der psychoanalytischen Legende. Köln-Lövenich: Hohenheim.

Uexküll, Th. von, Wesiack, W. (1988). Theorie der Humanmedizin. München u. a.: Urban & Schwarzenberg.

Psychose als Störung der sozialen Verbundenheit

Essay über zwei Bücher

Jaak Panksepp (1998): Affective neuroscience. The foundations of human and animal emotions. Oxford: University Press
Jonathan Burns (2007): The descent of madness. Evolutionary origins of psychosis and the social brain. New York: Routledge

Während wir am Feuer sitzen und reden, spielen die Kinder, drei bis elf Jahre alt, etwa zwanzig Meter von uns entfernt an der Scheunenauffahrt. Sie kullern lachend und tobend den kurzen, grasbewachsenen Abhang hinunter. Eines macht einen Purzelbaum, das nächste auch, acht Kinder machen Purzelbäume, dann rollen sie wieder; ein Junge legt sich als Hindernis quer in die Bahn, die anderen rollen über ihn, sie wechseln die Rollen. Jemand holt ein Plastikauto aus der Scheune, auf das sich gewöhnlich Kinder zwischen ein und zwei Jahren setzen und mit den Füßen abstoßen. Sie sausen damit den Abhang hinab, wechseln sich ab. Ein kurzer Streit löst sich gleich wieder auf, denn er würde das Spielen stören. Wenn eines der Kinder nicht mitspielen würde, am Rande stehen oder weggehen würde, so würde das auffallen. Was hat es nur? Was ist los mit dir? Bist du krank? Oder gekränkt? Aber an diesem Abend ist kein Kind ausgeschlossen, alle sind in Bewegung.

Die Bewegung bleibt immer die gleiche: den Abhang hinunter mit Lachen und Schreien und wieder schnell den Abhang hinauf, um ihn wieder hinunter zu rollen, zu rennen, zu fahren, ständige Wiederholung mit kleinen Variationen. Zwei Stunden geht das schon so, die Verständigung macht keine Probleme, obwohl die Kinder in drei verschiedenen Sprachen sprechen.

Solche Spiele hinterlassen tiefe Erinnerungen an starke Erregung, Ausgelassenheit, Verbundenheit mit Gleichaltrigen, an ein Erlebnis von gelungener Zugehörigkeit zu einer Gruppe und zugleich von einer gewissen Freiheit von den Eltern. Sie finden oft in der Dämmerung statt, in der Nähe von Eltern, die mit anderen Erwachsenen sprechen und darum wenig auf ihre Kinder achten. Es lauert eine Gefahr in diesen Spielen, es könnte ein Streit entstehen, es könnte jemandem etwas passieren; bei aller Wildheit ist wechselseitige Rücksicht nötig. Bei aller Ziellosigkeit scheint es ein gemeinsames Ziel zu geben: das Spielen fortzusetzen, jede Störung zu vermeiden. Wer solche Spiele nicht aus eigener Erfahrung kennt, wird sie wehmütig oder neidisch beobachten können oder die eigene Abwehr mobilisieren und die tobenden Kinder zur Ruhe schimpfen.

Jaak Panksepp, Psychologe und Neurobiologe in der Universität Green Bowling, Ohio, USA, hält dieses Spielen, das »rough and tumble play«, für außerordentlich wichtig für die Entwicklung des Gehirns. Die spontane Bewegung, die Erfahrung mit dem eigenen Körper und den Körpern der Anderen, die Schaffung einer Stimmung, die als eine gemeinsame und gute Stimmung erhalten sein will, stärkt die Entwicklung des von Jonathan Burns (2007) so genannten sozialen Gehirns.

Burns spricht vom »sozialen Gehirn«, Panksepp davon, dass beim Menschen die Gehirnsysteme, mit denen er auf die Welt kommt, »offen« sind, beeinflussbarer durch die Umwelt, vor allem durch andere Menschen als die entsprechenden Systeme bei anderen Säugetieren. Denn das sieht Panksepp als ausreichend erwiesen an: dass der Mensch mit den gleichen Instinkten, das heißt angeborenen Trieben, ausgestattet ist wie sie. »Es wird zunehmend klar, dass die Menschen ebenso viele ›Instinkt-Systeme‹ in ihren Gehirnen haben wie andere Säugetiere: Aber bei erwachsenen Menschen dürften Instinkt-Prozesse schwer zu beobachten sein, weil sie […] durch höhere kognitive Gehirntätigkeit gefiltert und verändert sind« (Panksepp, S. 122). Diese genetisch festgelegten Fähigkeiten sind bemerkenswert »offen« und deshalb durch viele Umwelteinflüsse veränderbar. »Zum Beispiel sind bei kleinen Kindern der allgemeine Drang und die Fähigkeit, eine Sprache zu erlernen, ein Instinkt, sie beruhen auf einem spezifischen System im Gehirn. […] Wenn die zugrunde liegenden Systeme des Gehirns bei Erwachsenen beschädigt werden, so wird die Sprachfähigkeit vorhersagbar eingeschränkt« (Panksepp, S. 122).

Panksepp kritisiert, dass die oben beschriebene Art des Spielens, das wilde Balgen und Raufen, neurobiologisch noch kaum untersucht worden sei. Er betont, dass es sowohl beim Menschen wie bei Säugetieren zu beobachten sei, besonders im Kindes- und Jugendalter. Die chemischen und elektrischen Vorgänge im Gehirn seien die gleichen in den entsprechenden Hirnregionen. Er schreibt, dass die Motivation zu spielen einem wichtigen Bedürfnis entspricht, und stellt fest, dass einige Folgen eintreten, wenn es nicht befriedigt werden kann (Kap. XV).

Er nennt das Spielbedürfnis eine Emotion, die in den älteren Hirnregionen wurzelt und Auswirkungen über das Mittelhirn bis in den Neokortex hat. Die Untersuchungen, die er anführt, zum Teil eigene Forschungsarbeiten, beweisen die Wichtigkeit des Spielens und lassen vermuten, dass eine Spielstörung Auswirkungen auf die psychische Gesundheit hat und zum Bild von ADHS oder Autismus beiträgt. Er warnt in diesem Zusammenhang vor dem Einsatz von Medikamenten, die zwar die Aufmerksamkeit erhöhen, aber das Spielverhalten hemmen, dessen positive Auswirkung noch nicht hinreichend untersucht sei. Panksepp lässt uns vermuten, dass das spielerische Balgen und Raufen mit der begleitenden intensiven Freude eine wichtige Funktion bei der Vernetzung der tieferen, älteren mit den höheren, stammesgeschichtlich neueren Hirnregionen hat. In solchen Spielen wird das Individuum aufgrund von sensomotorischen Erfahrungen mit anderen in seine soziale Welt integriert, lernt deren Regeln und seine eigene Position in ihr kennen, aber nicht durch intellektuelle Einsichten, sondern durch körperliche und emotionale Erlebnisse. Die begleitende Freude ist Grund genug für die Wiederholung: Immer wieder laufen die Kinder hinauf, um wieder hinunterzurollen.

Jaak Panksepp hat 1998 ein umfangreiches Buch über »affective neuroscience« veröffentlicht, fast ein Lehrbuch oder ein Programm für weitere Forschung. Ich habe es mit großer Faszination durchgearbeitet und fand anschließend manches aus seinem Inhalt von Marc Solms (2002, 2004) referiert, auf den ich hinweise, weil er ins Deutsche übersetzt und durch seine etwas vereinfachende Darstellung leicht verständlich ist. Panksepp interessiert sich vor allem für die chemischen und für die mit den neueren bildgebenden Verfahren auch beim Menschen beobachtbaren elektrischen Vorgänge beim Zustandekommen von Affekten und Emotionen. Die Bilder solcher Vorgänge zeigen, aus welchen tieferen Regionen des Gehirns sich eine Erregung ausbreitet, bis sie im Frontallappen ankommt (aufsteigende Komponenten). Schwieriger nachzuweisen sind die Wege, auf denen Wahrnehmungen, Gedanken oder Phantasien auf tiefere Gehirnregionen wirken und dort Veränderungen auslösen (absteigende Komponenten). Welche chemischen Vorgänge dabei stattfinden, ist beim Menschen kaum untersuchbar. Aber Panksepp nennt uns einleuchtende Forschungsergebnisse, die belegen, dass bei allen Säugetieren einschließlich des Menschen die chemischen Abläufe und die Orte, an denen sie ablaufen, gleich sind. Die Annahme, dass beim Menschen die im Psychischen erlebten und in der Sprache symbolisierbaren Gefühle andere sind als bei Tieren, bleibt davon unberührt. Panksepp vermutet, dass auch manche Tiere ähnliche Gefühle haben wie wir, aber das ist nicht sein Forschungsgegenstand.

Aufgrund des Nachweises der Gleichheit oder Ähnlichkeit chemischer Prozesse im Gehirn bei allen Säugetieren ist es ihm möglich, Experimente mit Ratten durchzuführen, deren Ergebnisse ihm Aussagen über entsprechende Vorgänge beim Menschen erlauben. Er konzentriert sich auf affektive und emotionale Prozesse, Bewusstsein und Denken tauchen als Themen eher beiläufig auf. Er interessiert sich sehr für die Entstehung und Beschaffenheit der Schizophrenie, für die er das von ihm so benannte Seeking-System vor allem verantwortlich macht, das er in Kapitel 8 seines Buches so beschreibt:

Das Seeking-System, das schon seit etwa 50 Jahren als System bekannt ist, sei lange von den Behavioristen, die einen Großteil der neurobiologischen Forschung beeinflusst oder durchgeführt haben, als ein Lernsystem, ein appetitives Verhalten oder ein Belohnungs-Erwartungs-System verstanden und bezeichnet worden. Panksepp nennt als Grund für solche irreführenden Bezeichnungen die Annahme der Behavioristen, dass alles Psychische durch Lernen entstehe. Er setzt dem eine Reihe von Untersuchungsergebnissen entgegen, die beweisen, dass dieses System nicht gelernt wird, sondern eine Voraussetzung für das Lernen ist. Es gibt, sagt er, in jedem Menschen und in jedem Säugetier einen angeborenen Trieb zur Neugier, einen Wunsch nach Erlebnissen, Interesse für etwas, das noch nicht als Ziel angestrebt wird, die Suche – beim Menschen – nach einem Sinn und der Bedeutung des Wahrgenommenen. Ich erinnere an Freuds Konzept des Wisstriebs, ohne an dieser Stelle eine Verbindung zum Seeking-System herstellen zu wollen.

Dieser Trieb oder Antrieb des Seeking-Systems kann durch elektrische Stimulierung im Gehirn erhöht werden; das scheint Vergnügen zu bereiten, denn die Ratten suchen selbst diese Stimulierung zu wiederholen (self stimulation), indem sie sich der elektrischen Reizung erneut aussetzen. Bei Menschen wirken Kokain und andere

Aufputschmittel aktivierend auf dieses System und können zur Abhängigkeit führen, weil das Gefühl von Erregung und Aktivität als so angenehm empfunden wird. Andererseits führen Dopaminblocker wie Antipsychotika zu einer Dämpfung des Seeking-Systems, in dem Dopamin als wichtigster Botenstoff gefunden worden ist. Der Mensch fühlt sich ohne Dopamintransmitter verlangsamt und depressiv. Parkinson-Patienten hingegen, die an einem Dopaminmangel leiden, werden mit einem Medikament L-Dopa behandelt, das die Aktivität des Dopamins erhöht. Oliver Sacks (1973) hat beschrieben, dass L-Dopa bei Parkinson-Patienten zu einer Art Erwachen, zu Lebensfreude und Aktivität führt.

Die Stärke des Seeking-Systems ist teilweise angeboren (trait), es funktioniert nicht manchmal, sondern ständig, wird aber durch Stimulation oder Dämpfung verändert (state). Während man über die Rolle des Dopamins als aufsteigende Komponente so viel weiß, dass man durch Gabe von L-Dopa oder von Antipsychotika die Erregung beeinflussen kann, ist über die absteigenden Komponenten, das heißt über chemische Transmitter in absteigender Richtung, also vom Neocortex zu den Frontallappen und zum limbischen System, wenig bekannt. Es geht dabei um das glutaminerge System, das für die Entstehung der Schizophrenie wahrscheinlich eine Rolle spielen, aber weniger leicht erforscht werden könne als das Dopamin. Sehr wichtig scheint mir der Absatz ab Seite 150 zu sein, in dem Panksepp frühere Arbeiten über Selbststimulierung und das sogenannte Selbststimulierungssystem im lateralen Hypothalamus-Korridor (LH) kritisch betrachtet und teilweise nutzt, um die Existenz eines »Seeking-System« als eine Art Trieb, unkonditioniert, aber durch Lernen beeinflussbar, zu bestätigen. Das bei Tieren beobachtbare, von Menschen benennbare Gefühl, das mit seiner Aktivierung verbunden ist, ist erhöhte Aufmerksamkeit, ein Gefühl der angenehmen Erregung und die Lust, aktiv zu sein. Bei Ratten äußert es sich in der Verstärkung und Vermehrung von Schnüffelgeräuschen, so dass es darüber messbar wird. »Warum wurde kein klares Konzept gebildet, das besagt, dass Tiere ein angeborenes Gehirnsystem brauchen, um überhaupt nach Belohnung zu suchen?«, fragt Panksepp und antwortet: »Weil Behavioristen abgeneigt waren, über irgendwelche ›inneren Ursachen‹ zu diskutieren« (S. 151). Panksepp betont immer wieder, dass das Seeking-System (bei Solms als »Suchsystem« übersetzt) auf vielfache Weise mit höheren Gehirnmechanismen interagiert, mit dem frontalen Kortex und dem Hippocampus, und zwar in beiden Richtungen. Es entsteht durch Integration der Informationen mit dem Seeking-System eine Art Vorausdenken und innere Vorwegnahme der möglichen Aktionen. Da aber das Seeking-System mit anderen emotionalen Systemen Verbunden ist, mit Lusterfahrung, aber auch mit Furcht, Wut und sozialen Prozessen, die alle im LH entstehen, ist es kaum möglich, Elektroden zur elektrischen Stimulation so einzusetzen, dass sie nur ein einziges System erregen.

Aber – und das ist für Panksepp ein wichtiger Nachweis – im LH entsteht vor allem eine innere Tendenz zu suchen, die zu größerer Erregung und intensiverem Suchverhalten führt, wenn das Tier in Not ist, starken Hunger hat, Wasser sucht oder den Weg zum Artgenossen, zum Beispiel zur Mutter nicht findet. Je größer die Erregung ist, desto mehr Dopamin wird ausgeschüttet. Ist die auslösende Not auf die eine oder andere Weise gelindert, so geht auch die Transmitteraktivität des Dopamins zurück, das Seeking-System beruhigt sich, auch wenn es seine Aktivität nie ganz einstellt. Panksepp hält es für wichtig, die absteigenden Komponenten (vom Neocortex zum Hypothalamus) besser zu untersuchen, also die Botenstoffe, die sich aufgrund der Notsituation oder ihrer Linderung bilden. Er erhofft sich davon eine Erklärung schizophrener Erkrankungen.

Ist es eine Notsituation, Stress, Probleme ohne Ausweg, die das Seeking-System so stark erregen, dass es zu immer neuen Aktionen bereit ist und das Dopaminsystem übermäßig aktiviert? Eine elektrische Stimulation im LH führte in Experimenten mit Ratten zu vermehrtem Fressen eines bestimmten dargebotenen Futters. Wurde die Versuchsratte in regelmäßigen Intervallen weiter stimuliert, bekam aber die ganze Nacht hindurch diese Nahrung nicht, sondern nur Wasser, so stellte sie sich um auf ein exzessives Trinken. Diese und ähnliche Versuche (z. B. von Valenstein) sind Beweise dafür, dass das zugrunde liegende System den Antrieb und die Intensität des Handelns, nicht aber den Inhalt des Handelns bestimmt, der seinerseits abhängt von einem gleichzeitigen Bedürfnis, einer gebotenen Gelegenheit oder einem Lernvorgang.

Zuviel Frustration bei der Suche, die ein stimuliertes Seeking-System auslöst, führt zu einem Verhalten, das als »autoshaping« bezeichnet wird und bei Tieren leicht zu beobachten ist. Die Erregung führt dazu, dass das Tier neutrale gleichzeitig auftretende Reize aus der Umwelt in eine Beziehung zur eigenen Aktivität setzt. Tauben bekamen kurz vor der Fütterung einen hell angestrahlten

Schlüssel zu sehen. Nachdem ihnen diese Reihenfolge bekannt war, begannen sie schon bei der Darbietung des Schlüssels zu picken, als ob sie – so die Interpretation – durch ihr Picken die Fütterung auslösen könnten, was nie der Fall gewesen war. Wenn eine solche wahnhafte (delusional) Verbindung nicht möglich ist, kommt es zu dem sogenannten Übersprungverhalten (adjunctive or displacement behavior). Die enttäuschte Erwartung führt nicht zur Beruhigung, sondern zu auf andere Ziele gerichtetem suchenden Verhalten (exzessives Trinken, Nagen oder Kämpfen mit anderen).

Was hat das mit der Entwicklung schizophrener Symptome zu tun? Panksepp nimmt an, dass eine überstarke Erregung des Seeking-Systems dazu führt, dass zufällig gleichzeitige Umweltereignisse in eine kausale Beziehung zu eigenen subjektiven Vorstellungen gebracht werden. Sie können wahnhaft sein, ohne als Störung empfunden zu werden, solange das Subjekt sich in Einklang mit den Vorstellungen seiner sozialen Gruppe fühlt, zum Beispiel wenn das Beten um eine göttliche Hilfe in der Not allgemein als die mögliche Ursache für eine Veränderung angesehen wird. Es ist wissenschaftlich anerkannt, dass bei paranoider Schizophrenie vom Typ I, im Gegensatz zum Typ II, bei dem Hirnschäden festgestellt werden, die Aktivität im Dopaminsystem erhöht ist, wobei die Anzahl der Dopaminrezeptoren sich vergrössert und vermehrt Dopamin im »ventral striatum« nachweisbar ist und in manchen Fällen in der Amygdala der linken Hemisphäre. Alle Medikamente, die die Dopaminrezeptoren blockieren, vermindern auch die Selbststimulierung im Seeking-System. Drogen, die schizophrene Symptome verstärken, steigern andererseits die Aktivität des Seeking-Systems.

Ich zitiere: »Alle antipsychotischen Medikamente verringern die Dopaminaktivität an den D2-Rezeptoren, und hier wird die Parallele zwischen Schizophrenie und der Selbst-Stimulierung im Seeking-System augenfällig: eigentlich reduzieren alle Medikamente, die schizophrene Symptome reduzieren, auch die Selbststimulation im Seeking-System. Umgekehrt verstärken alle Mittel, die die schizophrene Symptomatik erhöhen, das Selbststimulierungs-Verhalten. Zum Beispiel ermöglichen Stimulantien mehr Selbststimulation und führen bei wiederholter oder regelmäßiger Einnahme eventuell zu Symptomen einer paranoiden Schizophrenie, die von psychiatrischer Seite von denen einer spontan auftretenden Schizophrenie nicht zu unterscheiden sind. Da schizophrene Schübe auch durch Stress ausgelöst werden können, muss man festhalten, dass das mesolimbische

System (A 10) besonders stark auf Stress reagiert, mehr als andere Dopaminsysteme des Gehirns. Im Stress werden bestimmte aufsteigende DA-Systeme von Dopamin entleert, woraus die Entwicklung einer Hypersensitivität in den Rezeptoren gegenüber dem wenigen Dopamin erfolgt, das noch vorhanden ist. Dadurch wird die vermehrte Ausbildung solcher psychischer Symptome angeregt, die denen einer Schizophrenie ähnlich sind. Funktionell kann das als ein Anpassungsprozess angesehen werden: man muss einen wachsenden Grad von Seeking-Verhalten entwickeln, wenn man unter Stress steht, um Ressourcen aufzustöbern, mit deren Hilfe man sich die Stress-Situation erleichtern kann« (Panksepp, S. 163).

Nach einem Exkurs über die ähnlichen Funktionen des Träumens im REM-Schlaf und der Selbst-Stimulation im Seeking-System sowie über die Wichtigkeit der auf beiden Wegen ermöglichten Abfuhr von hochgradigen, aber abgeblockten psychischen Energien (in der psychoanalytischen Sprache: von starken, aber verdrängten Triebimpulsen) schließt Panksepp dieses Kapitel mit einer Fragestellung: »Man muss sich nach allem fragen, ob die psychische Abfuhr, die während der Selbststimulation stattfindet, zur Erleichterung schizophrener Symptome beitragen könnte. Könnte man die exzessiven Energien dieses Systems durch verschiedene Aktivitäten im Leben zerstreuen und auflösen? Könnten die Symptome der Schizophrenie einfach dadurch gelindert werden, dass man den Tendenzen des Individuums, für Nahrungssuche und Überleben aktiv zu sein (foraging tendencies), mehr Spielraum lässt? […] Natürlich sind spekulative Ideen wie diese – provokative Produkte des Seeking-Systems – ohne Substanz, solange sie nicht durch strenge empirische Studien evaluiert sind« (Panksepp, S. 163).

Ich habe gezeigt, wie die Kinder in der Gruppe und im Spiel sich selbst und sich wechselseitig immer weiter stimulieren und in fast endloser Wiederholung ihre Freude genießen. Lassen wir sie spielen.

Wenden wir uns dem Buch von Jonathan Burns zu, der von einer anderen wissenschaftlichen Ecke aus zum Nachdenken über die Psychosen anregt.

Als Evolutionsforscher und Psychiater (chief specialist psychiatrist) im Nelson-Mandela-Hospital in Kapstadt Südafrika geht Burns der Frage nach, seit wann es in der Menschheitsgeschichte Psychosen gibt und ob psychotisches oder – wie er es lieber bezeichnen möchte

– verrücktes Verhalten bei unseren nächsten Verwandten, den Menschenaffen, vorkommt. Er belegt möglichst gut seine Behauptung, dass es seit der Zeit der gemeinsamen Vorfahren im Gehirn eine allmähliche Entwicklung zum Homo sapiens gegeben haben muss, aber keinen qualitativen Sprung. Ebenso nimmt er an, dass es zwischen »Normalität« und psychischen Störungen fließende Übergänge gibt, alle möglichen Variationen von Abweichungen vom so genannten Normalen, die in extremen Fällen als Krankheit erlitten und bezeichnet werden. Seine Begründung für diese fließenden Übergänge beruht auf der gleichen Grundannahme: Auch wenn durch Mutationen ständige Variationen entstehen, können sich allgemeine und erbliche Veränderungen nur mithilfe des Selektionsdrucks durchsetzen, und das bedeutet: langsam und in großen Zeiträumen. Seine These ist, dass die Verrücktheit eine kostspielige Folge der Evolution eines hochentwickelten sozialen Gehirns beim Homo sapiens ist und dass die gleichen Gene für dieses differenzierte soziale Gehirn wie für die Verrücktheit eine ursächliche Rolle spielen.

Mit der Entwicklung eines sozialen Gehirns, das ihm das Leben mithilfe der Gruppe und in der Gruppe ermöglicht, hat der Mensch trotz seiner körperlichen Unterlegenheit im Vergleich zu anderen Primaten und zu Verfolgern einen Vorteil vor anderen gewonnen: Sein Gehirn hat sich in den letzten 150 000 Jahren, vor allem in den letzten 60 000 Jahren, zu einem sozialen Gehirn entwickelt, das eine Vorstellung von den Gedanken und Absichten anderer Menschen haben kann, eine so genannte *theory of mind* (TOM), die ermöglicht, Reaktionen von Freunden und Feinden zu beurteilen und einzuschätzen. Zugleich mit dieser Entwicklung einer komplexen Vernetzung vieler verschiedener Informationen und früheren Erfahrungen entsteht die Möglichkeit ihrer Störung. Die Verrücktheit, Schizophrenie, aber auch Angst und Depressionen sieht Burns als Folgen einer misslungenen Vernetzung, einer Störung oder Dyskonnektivität im Gehirn an. So datieren die ersten Anfänge des menschlichen Geistes und zugleich der menschlichen Verrücktheit sogar aus der Zeit, in welcher der Homo erectus sich von den mit den Affen gemeinsamen Vorfahren unterschied. Das war vor etwa zwei Millionen Jahren. Dazu passt es, dass nach Berichten von Jane Goodall und Frans De Waal durchaus unter den freilebenden Menschenaffen gestörte, verrückte Individuen beobachtet wurden. Doch ebenso wie die Fähigkeit, eine »theory of mind« zu entwickeln, nach Burns' Ansicht nur ansatzweise bei Schimpansen besteht, ist auch psychotische Krankheit weniger ausgeprägt als bei Menschen. Vielleicht, möchte ich hinzufügen, ist sie auch weniger gut beobachtet und dokumentiert worden.

Die Evolutionstheorie ist nach wie vor Darwin verpflichtet; deshalb muss sich Burns mit der Frage beschäftigen, warum psychische Krankheit, zum Beispiel die Schizophrenie, so lange die Entwicklung der Menschheit begleitet hat und warum sie, wenn sie auf bestimmten Genen beruht, nicht längst ausgestorben ist, da die betroffenen Individuen unangepasst, krank, auf die Hilfe von anderen angewiesen und dem Existenzkampf nicht besonders gut gewachsen sind. Er betont, dass ein bestimmtes Gen oder Chromosom, das für die Manifestation einer Psychose verantwortlich ist, nicht gefunden werden konnte. Aber es gebe einen Konsens, dass eine Vulnerabilität vererbt werden könne, ohne dass allerdings immer geklärt sei, was da eigentlich vererbt wird. Burns schließt aus Ergebnissen der Hirnforschung, dass Vulnerabilität eine Fähigkeit zu einer besonders starken Entwicklung der Vernetzung im sozialen Gehirn sein könnte, die in sich eben die Möglichkeit von Störung enthält. Indem er die Bezeichnung »Vulnerabilität« fallen lässt, betont er die Entstehung des »sozialen Gehirns«, das in einer immer komplexeren Vernetzung der verschiedenen Informationen bestehe.

»Ich habe nachgewiesen, dass Schizophrenie eine Störung des sozialen Gehirns ist und zu einer grundlegenden Störung der sozialen Kognition führt, die das psychotische Individuum bei der interpersonalen Kommunikation benachteiligt und es von der sozialen Welt ausschließt« (Burns, S. 145).

Burns greift Konzepte von C. Wernicke (1899) und Otto Gross (1904) über die Dementia sejunctiva auf, vermutet auch, dass Bleuler bei seiner Beschreibung der negativen Symptome nicht eine Defizienz meinte. Erst die späteren Psychiater hätten eine Theorie der Defizite geprägt.

In Übereinstimmung mit S. Mithen (1996) bezeichnet Burns den Geist des modernen Menschen als eine »fluid and connected entity« (S. 147), der eine Integration vieler verschiedener einzelner Informationen erlaubt und die Bildung des abstrakten und symbolischen Denkens ermöglicht.

Die Hypothese von der Vernetzungsunterbrechung meint eine Unterbrechung der Vernetzung zwischen »prefrontal and posterior cortices« und die Desintegration von Informationen zwischen ihnen (S. 146). Funktionale und strukturale Dyskonnektivität wird mit entsprechenden Untersuchungen der Kognitionsforschung belegt, und zwar in Kapitel VII. Aber gehen wir noch einmal die Kapitel durch, damit deutlich wird, dass Burns ganz unterschiedliche wissenschaftliche Ansätze berücksichtigt, um seine Hypothese zu stützen.

Kapitel I: Seine Hypothese beruht auf Darwins Evolutionstheorie: Vor sechzehn bis zwei Millionen Jahren »haben sich als Substrat für komplexe soziale Kognition komplexe neuronale Erregungskreise entwickelt, die das Vorderhirn mit den temporalen und parietalen Hirnregionen verbunden haben. In ihrer Vernetzung mit dem tieferen und älteren limbischen System wurde dieser Erregungskreis (circuitry) als das ›soziale Gehirn‹ bezeichnet« (S. 11). Im Verlauf der Evolution wird die Phylogenese in der Ontogenese des Individuums wiederholt, allerdings nach dem Prinzip der »Hypermorphosis« schneller, so dass die Entwicklung des Gehirns eines erwachsenen Vorfahren schon in der Adoleszenz erreicht wird.

In Kapitel II wird Literatur über Menschenaffen darauf untersucht, ob über verrückte Individuen berichtet wird.

Kapitel III gibt eine Übersicht über Arbeiten von Evolutionsbiologen über psychische Krankheit. Burns setzt sich kritisch mit Tim Crow (2002), »The speciation of modern homo sapiens« auseinander, mit dem er in der Annahme eines Kontinuums der psychotischen Krankheit von der »Normalität« bis hin zur schweren schizophrenen Krankheit übereinstimmt. Allerdings bestreitet er, dass die Sprache eine den Menschen vorbehaltene Kommunikationsmöglichkeit ist, wie Crow annimmt, sondern findet Ansätze zu einer sprachlichen Verständigung bei anderen Säugetieren.

Kapitel IV: Warum ist die Psychose, die zu unangepasstem Verhalten und kaum zu einer großen Überlebenschance beiträgt, nicht ausgestorben? Burns nimmt in heterozygoten Genen von ihm »susceptibility alleles« genannte Allele an, die mit der Anlage zu einer höheren Empfindlichkeit auch zu einer komplexeren Gehirnbildung beitragen, aber in allzu großer Anzahl eine Vulnerabilität gegenüber psychischer Krankheit bzw. gegenüber auslösenden Faktoren bedeuten können.

Kapitel V ist besonders wichtig, da Burns hier die philosophischen Grundlagen infrage stellt, die das psychiatrische und psychoanalytische Denken beherrschen. Für ihn ist die Betrachtung des Individuums als Ort der Entwicklung und Störung eine an Descartes' »cogito, ergo sum« ausgerichtete, nicht mehr gerechtfertigte Basis.

Die Trennung von Seele/Geist einerseits und Körper andererseits und die Trennung einer intrapsychischen Entwicklung von der umgebenden Welt ist für ihn nach den Ergebnissen der neueren neurobiologischen Forschungen nicht mehr aufrechtzuerhalten. Jeder seelische Vorgang habe im Gehirn eine körperliche Entsprechung. Jede Entwicklung des einzelnen Menschen beruhe auf sozialen, genauer interpersonalen Vorgängen, Prozessen, die im Gehirn ihren Eindruck hinterlassen. Damit wird die Theorie der Intersubjektivität, die von ganz verschiedenen Seiten in das psychoanalytische Denken einzieht, durch die Evolutionsbiologie unterstützt. In Kapitel V nennt er wissenschaftliche Vorläufer seiner These, dass der Mensch ein soziales Tier sei und die Zugehörigkeit zu anderen Menschen brauche. »Wenn Homo sapiens ein seiner sozialen Rolle bewusstes Tier ist, wenn sein Wohlergehen von einer gesunden, ihm angemessenen sozialen Beziehung und Verbundenheit abhängt« (S. 76), schreibt er, dann müsse die Trennung von Seele, Körper und Welt zugunsten eines interpersonalen Verständnisses des seelischen Lebens aufgegeben werden.

Nach Burns, der sich dabei auf P. Bracken (2002) bezieht, ist Martin Heidegger der erste, der den Cartesianismus als Grundlage der Humanwissenschaften grundsätzlich ablehnt. Aber auch Erich Fromm wird zitiert, ohne dass er dabei als Analytiker bezeichnet wird, und Merleau-Ponty. Die Diskussion von Arbeiten um 2000 und bis 2004 überwiegt und macht mich neugierig, die mir unbekannte Literatur kennen zu lernen, zum Beispiel die Arbeiten des Primatenforschers L. Brothers oder die von T. Fuchs, der von einer körpereigenen Sensibilität und einer gegenseitigen Resonanz spricht, die wir alle von Geburt an mit anderen Menschen, das heißt körperlichen Subjekten, teilen. Die Spiegelneuronen, die 1992 zuerst bei Affen (Makakken), später in der Broca-Area beim Menschen entdeckt worden sind, bestätigen Burns' These; sie befinden sich gerade in denjenigen Hirnregionen, die für das soziale Gehirn wichtig sind.

Kapitel VI beschäftigt sich mit der Evolution der sozialen Kognition und des sozialen Gehirns bei Primaten; es ist für Leser, die keine oder nur wenige neurologische Kenntnisse haben, etwas schwer zu verstehen. Es werden viele Arbeiten kritisch diskutiert. Allerdings wird hier die Geheimsprache der Hirnforscher, ihr Reichtum an Abkürzungen benutzt, die nur Hirnforschern selbst geläufig sind. Den anderen Lesern wie mir fehlt die Tabelle, die mir den vollen lateinischen Text, vielleicht auch Übersetzungen in andere Sprachen zur Verfügung stellen könnte, sowie eine oder mehrere Zeichnungen, aus denen der anatomische Aufbau des Gehirns ersichtlich wird.

In Kapitel VII wird ein Aufgeben der DMS-Diagnostik und des ICD-10 gefordert und die Beachtung und das Verständnis für die einzelnen Symptome verlangt, über die psychotisch Kranke klagen. Er zitiert den englischen Psychiater R. P. Bentall (2003): »Wir sollten die psychiatrischen Diagnosen allesamt aufgeben und stattdessen versuchen, die jeweiligen eigenen Erfahrungen der Kranken zu erklären und zu verstehen … Ein Vorteil dieses Ansatzes ist, dass er nicht eine klare Grenzziehung zwischen Verrücktheit und Gesundheit erfordert« (Bentall, zit. nach Burns, S. 123). Wie Bentall und M. Brüne (Brüne et al., 2003) spricht Burns von funktionalen Störungen in der Vernetzung des sozialen Gehirns, nicht von Defiziten.

Kapitel VIII versucht trotzdem, strukturale oder anatomische Veränderungen im Gehirn des schizophrenen Menschen zu finden. Solche Untersuchungen gibt es erst wenige, sie lassen vermuten, dass in der weißen Substanz, also zwischen präfrontalem Kortex und den temporalen und parietalen Kortizes Verbindungen unterbrochen sind.

In Kapitel IX wird Haeckels Gesetz, dass in der Ontogenese, in der Entwicklung des Individuums, sich die Phylogenese wiederholt, durch die wissenschaftliche Forschung über genetische Veränderungen ergänzt, die den Zeitablauf der neurologischen Entwicklung des Gehirns regeln. Der Mensch hat eine längere Kindheit und Jugendzeit als die anderen Primaten – er hat mehr Zeit, komplexere Verbindungen im Gehirn zu entwickeln. Aber eben diese genetischen Veränderungen, die den Zeitablauf regeln, erhöhen auch die Vulnerabilität, die zu einer Schizophrenie führen kann.

In Kapitel X betont Burns noch einmal seine These vom Kontinuum, auf dem sich die Voraussetzungen zu kreativen menschlichen Leistungen oder zur Verrücktheit befinden. Die Komplexität der neuronalen Verbindungen hat ihren »Sinn« in der besseren sozialen Ausstattung, welche die bewussten und nicht bewussten Beziehungen und die liebevolle Verbundenheit mit anderen Menschen ermöglicht. Freundlichkeit und wechselseitige Fürsorge, die Fähigkeit zur »theory of mind«, also zum Einfühlen in die psychologische Verfassung des Mitmenschen, sind früher entwickelt als die Sprache und die Intelligenz. Die Mitmenschen, die, neurologisch ausgedrückt, unter Störungen der Vernetzung leiden, psychologisch ausgedrückt unter einer Unfähigkeit, alle von innen und außen kommenden Informationen zu unterscheiden, zu sammeln und zu einem Gesamtbild zu formen, das ihnen sozial adäquate Reaktionen erlaubt, sollten nicht als Kranke und Verrückte ausgegrenzt, sondern möglichst tolerant als Teil der menschlichen Gemeinschaft akzeptiert und versorgt werden.

Dieses Buch regt an, weiter zu denken. Es unterstützt diejenigen, die wie ich an dem Sinn der psychiatrischen Diagnostik nach DMS und ICD-10 zweifeln. Darüber hinaus gibt es dem Menschen seinen Platz in der Welt der Tiere zurück – und dem psychisch Kranken seinen Platz in der Welt der Menschen. Burns betont am Anfang, dass sich 80 % des menschlichen Gehirns erst nach der Geburt entwickeln, und zwar immer im Kontakt mit der Umwelt, das heißt vor allem mit anderen Menschen. Welche Rolle spielen dabei die Spiegelneuronen? Ist das, was sie »erleben«, indem sie reagieren, als ob das, was der Mensch beim anderen beobachtet, von ihm selbst getan würde, sind diese Spuren vorübergehend oder dauerhaft, auch wenn das Erleben nicht erinnerbar ist?

Dem Leser, jedenfalls mir, fehlt in diesem Buch, das das eigene Denken anregt, die Fortsetzung: die Reflexion über die Stimuli, die von anderen Menschen kommen und eine »normale« Hirnentwicklung fördern, gefährden oder unmöglich machen. Es fehlt eine ergänzende Darstellung der Gefahren, die gerade in den wichtigen Beziehungen zu anderen Menschen entstehen, es fehlt eine Diskussion der psychoanalytischen Erforschung der Psychogenese. Denn wenn auch Burns wie Mentzos das Konzept eines Defizits ablehnt, so gelingen ihm nur einige wenige Untersuchungen, in denen funktionale Störungen der Vernetzung nachgewiesen werden. Er untersucht nicht, ob durch eine andere Erziehung, einen Milieuwechsel oder durch Psychotherapie die in einer psychotischen Phase nachweisbaren chemischen und elektrischen Veränderungen wieder verschwinden oder eventuell neue Vernetzungen hergestellt werden können. Er bekundet zwar sein Interesse an solchen Fragen, findet aber, dass ihre Behandlung den Rahmen dieser Arbeit sprengen würde. Es bleibt Raum für weitere Forschung.

Burns hat es nicht leicht, gegen den von Descartes beeinflussten Individualismus mit der Trennung zwischen Leib, Seele und Welt ein Konzept der Einheit darzustellen: Das soziale Gehirn im Menschen, das Teil einer sozialen Gehirnwelt ist, ein Heidegger'sches Da-sein-in-der-Welt des Menschen. Er verlangt von den Psychiatern, an die er sich vor allem wendet, eine Umkehr in ihrem Denken, welches ihnen bisher erlaubt habe, eine klare Grenze zwischen sich selbst und den als psychisch krank klassifizierten Schizophrenen zu ziehen.

Burns erwähnt Freud nur kurz, indem er betont, dass dieser eben auf der Grundlage eines cartesianischen Denkens das Individuum als Ort der psychischen Entwicklung und Störung analysiere, wobei er Fromms psychoanalytisches Denken als neofreudianisch dazu im Gegensatz sieht und – für mich eine neue Konstellation – mit Merleau-Ponty und Martin Heidegger in Verbindung bringen kann. Mir fehlt ein Hinweis auf das konflikthafte Dasein des Menschen. Der wichtige Hinweis auf die soziale Vernetztheit und insofern Abhängigkeit und Verbundenheit mit Gruppen von Menschen soll nicht leugnen, dass der Mensch auch ein Individuum ist, zumindest in den bewussten und ins Unbewusste verdrängten psychischen Anteilen. Sind doch die sozialen Gruppen, denen ein einzelner Mensch angehört, sehr unterschiedlich, oft in ihrer Moral oder Zielsetzung einander entgegengesetzt.

Wenn ich noch einmal an die spielenden Kinder erinnern darf, wie sie miteinander am Abhang der Scheunenauffahrt toben, unterstelle ich ihnen nur Gutes. Aber eine Gruppe aufgedrehter Kinder könnte anfangen, mit Lust eine Katze zu jagen, zu fangen, zu quälen – müsste dann nicht eines der Kinder das Spiel stören, indem es die anderen davon abzubringen sucht, eventuell einen Erwachsenen holt? Die Konflikte, die entstehen, wenn eine reibungslose Zugehörigkeit zur Familie, zur Gesellschaft, gegenüber Vorgesetzten nicht mehr möglich ist, wenn eine individuelle Entscheidung gefordert ist, die das Verhalten nach außen bestimmt oder nur innerpsychisch getroffen wird, können zur Stärke und Selbstständigkeit des Menschen beitragen oder seine Kräfte übersteigen und zu Verzweiflung und Angst führen, die sich schließlich wie eine Krankheit äußern.

Übrigens würde meiner Meinung nach Freud beide hier besprochenen Bücher mit Interesse aufgenommen haben. Er schrieb 1907, also 100 Jahre vor Jonathan Burns, in seiner Arbeit »Der Wahn und die Träume in W. Jensens Gradiva« Folgendes:

»Die Grenze aber zwischen den normal und krankhaft benannten Seelenzuständen ist zum Teil eine konventionelle, zum anderen eine so fließende, dass wahrscheinlich jeder von uns sie im Laufe eines Tages mehrmals überschreitet. Andererseits täte die Psychiatrie unrecht, wenn sie sich dauernd auf das Studium jener schweren und düsteren Erkrankungen einschränken wollte, die durch grobe Beschädigungen des feinen Seelenapparates entstehen. Die leiseren und ausgleichsfähigen Abweichungen vom Gesunden, die wir heute nicht weiter als bis zu Störungen im psychischen Kräftespiel zurückverfolgen können, fallen nicht weniger unter ihr Interesse; ja erst mittels dieser kann sie die Gesundheit wie die Erscheinungen der schweren Krankheit verstehen« (Freud, 1907, S. 70f.).

Ich möchte aber nicht mit einem Freud-Zitat, sondern mit eigenen Worten schließen und hebe deshalb zum Schluss noch einmal hervor, was mir beide Autoren, Panksepp und Burns zu bedenken geben: Es gibt fließende Übergänge zwischen dem Normalen und Gesunden und schweren psychotischen Zuständen. Die psychiatrische Diagnostik steht ihrem Verständnis eher im Weg, als dass sie hilfreich wäre. Soweit psychotische Krankheit hereditär bedingt ist, handelt es sich um Gene, die zugleich hohe intellektuelle und soziale Fähigkeiten bedingen.

Stress ist ein wichtiger Faktor, der auf die Dopaminaktivität einwirkt. Zugleich mit Dopaminblockern werden nicht nur Symptome der Schizophrenie abgeschwächt oder beseitigt, sondern die Aktivität, die Lust, das Interesse und die intellektuelle Neugier beeinträchtigt. Einige fast selbstverständlich gewordene Annahmen über psychotische Krankheiten, besonders über einzelne Symptome, sollten neu reflektiert werden.

Eine Erforschung der positiv wirkenden absteigenden Komponenten wäre sehr wichtig. Welche Umwelteinflüsse, welche sozialen Kontakte können die schizophrenen Symptome positiv beeinflussen und welche chemischen und elektrischen Vorgänge können dabei beobachtet werden? Da die Pharma-Industrie an solcher Forschung kein eigenes Interesse hat, könnte sie nur an unabhängigen Instituten stattfinden. Oder die psychoanalytische Forschung muss diese Forschung mit ihrer eigenen Methodik – 100 Jahre nach Freuds Aufsatz über die »Gradiva« – fortführen.

Elisabeth Troje

Literatur

Bentall, R. P. (2003). Madness explained: Psychosis and human nature. London: Penguin Books.

Bracken, P. (2002). Trauma, culture, meaning and philosophy. London: Whurr.

Brothers, L. (1997). Friday's Footprint: how society shapes the human mind. Oxford: University Press.

Brüne et al. (2003). The social Brain: Evolution and pathology. Chichester: Wiley.

Crow, T. J. (2002). The speciation of modern homo sapiens. Oxford: University Press.

Freud, S. (1907). Der Wahn und die Träume in W. Jensens Gradiva. G. W. Bd. VII. Frankfurt a. M.: S. Fischer.

Fromm, E. (1942). The fear of freedom. London: Routledge.

Fromm, E. (2000). The art of loving. New York: Continuum.

Gross, O. (1904). Dementia sejunctiva. Neurolog. Centralblatt 23, 1144-1166.

Fuchs, T. (2002). The challenge of neuroscience: Psychiatry and phenomenology today. Psychopathology, 35(6) 319-327.

Merleau-Ponty, M. (2002). Phenomenology of Perception. London: Routledge.

Mithen, S. (1996). The prehistory of the mind. London: Thames and Hudson.

Panksepp, J., Moskal, J. (2004). Schizophrenia, the elusive disease. Behavioral and Brain Sciences, 27: 863f.

Sacks, O. (1973). Awakening. New York: Harper.

Solms, M. (2002; deutsch: 2004). Das Gehirn und die innere Welt. Düsseldorf u. Zürich: Patmos.

Wernicke, C. (1899). Psychiatrie. Leipzig: Thieme.

Die Autorinnen und Autoren

Dr. med. Wolfgang Dillo ist an der Klinik für Psychiatrie, Sozialpsychiatrie und Psychotherapie der Medizinischen Hochschule Hannover tätig.

Prof. Dr. Ulrich Eibach lehrt an der Evang.-Theolog. Fakultät der Universität Bonn und ist Pfarrer am Universitätsklinikum Bonn.

Prof. Dr. med. Dr. phil. Hinderk M. Emrich ist Leiter der Abteilung Klinische Psychiatrie und Psychotherapie an der Medizinischen Hochschule Hannover.

Prof. Dr. med. Jürgen Gallinat ist geschäftsführender Oberarzt an der Klinik für Psychiatrie und Psychotherapie, Campus Mitte, Universitätsklinikum Charité, Berlin.

Dr. med. Dorothea von Haebler ist Oberärztin an der Klinik für Psychiatrie und Psychotherapie, Campus Mitte, Universitätsklinikum Charité, Berlin.

Dr. med. Stavros Mentzos ist emeritierter Professor und war Leiter der Abteilung für Psychotherapie und Psychosomatik des Klinikums der Universität Frankfurt a. M.

Dr. phil. Thomas Müller ist Psychoanalytiker in eigener Praxis in Hanau.

Dr. med. Michael Putzke ist Oberarzt an der Klinik für Psychiatrie und Psychotherapie am Bürgerhospital Friedberg.

Elisabeth Troje, Diplom-Psychologin, ist Psychotherapeutin und Psychoanalytikerin in eigener Praxis in Frankfurt a. M.